곤충은 어떻게 알을 돌볼까?

알이나 애벌레를 돌보는 곤충 이야기

곤충은 어떻게 알을 돌볼까?

알이나 애벌레를 돌보는 곤충 이야기

정부희 글 | 옥영관 그림

보리

차례

스스로 자라는 곤충

꽃에 묻혀 사는 풀색꽃무지 · 8

남 집에 얹혀사는 남가뢰 · 16

배가 샛노란 노랑배허리노린재 · 24

알을 안전하게 숨기는 곤충

털옷을 입혀 주는 노랑털알락나방 · 36

알을 지갑 속에 싸 놓는 남생이잎벌레 · 46

알을 거품 속에 낳는 왕사마귀 · 56

털 이불을 덮어 주는 매미나방 · 64

애벌레 먹이를 마련하는 곤충

거미를 잡는 대모벌 · 74

땅굴 파기 재주꾼 나나니 · 80

엄마나 아빠가 알을 돌보는 곤충

자식을 끔찍이 돌보는 에사키뿔노린재 · 90

알을 업고 다니는 물자라 · 98

알을 지키는 물장군 · 108

엄마 아빠가 함께 키우는 곤충

똥을 굴리는 긴다리소똥구리 · 120

숲속 청소부 송장벌레 · 130

스스로
자라는
곤충

꽃에 묻혀 사는
풀색꽃무지

 봄이 무르익어 갑니다. 따사로운 봄 햇살이 쏟아지니 봄꽃들이 날마다 흐드러지게 피어나요. 산기슭마다 산벚나무 꽃이 환하게 피어 바람이 불 때마다 꽃잎이 함박눈처럼 나풀나풀 날립니다. 산벚나무 꽃에 셀 수 없이 수많은 꿀벌들이 붕붕거리며 날아와 진을 치네요. 풀색꽃무지도 꿀벌 틈에 끼어 꽃가루 식사를 하느라 정신이 없습니다.

 꽃 피는 사월은 어른 풀색꽃무지 세상입니다. 여기저기 깜깜한 땅속에서 겨울잠을 자다 깨어난 어른 풀색꽃무지들이 흙을 뚫고 땅 위로 올라옵니다. 물론 애벌레나 번데기 몸으로 지내다 날개돋이를 마치고 어른이 된 풀색꽃무지도 섞여 있어요. 땅을 뚫고 나오느라 머리와 딱지날개, 다리 온몸 곳곳에 흙이 묻어 있어 지저분하네요. 이때를 기다렸다는 듯이 먼저 땅속을 나온 수컷이 짝짓기를 하려고 암컷을 향해

풀색꽃무지와 색깔 변이
몸길이 15mm 안팎

검정꽃무지
몸길이 11~14mm

거침없이 날아옵니다. 덩달아 둘레에 있던 다른 수컷들도 암컷을 먼저 차지하려고 잇달아 날아와 몇 마리가 뒤엉켜 있어요. 금세 땅은 붕붕거리는 소리로 가득해 호떡집에 불난 것처럼 정신이 없습니다.

꽃 속에 파묻힌 풀색꽃무지

땅속을 벗어난 풀색꽃무지는 부지런히 붕 날아 꽃에 찾아와요. 커다란 풀색꽃무지가 꽃에 앉으니 꽃줄기가 기우뚱 휘어지네요. 풀색꽃무지는 바쁜 듯이 짧은 더듬이를 흔들며 뒤뚱뒤뚱 꽃 위를 걸어 다니다가 한곳에 앉아 쉽니다. 잠시 뒤 풀색꽃무지가 꽃 속에 머리를 푹 파묻고 밥을 먹기 시작하네요. 겨우내 쫄쫄 굶은 탓에 배가 많이 고팠나 봐요. 허겁지겁 꽃가루를 쓸어 먹습니다. 풀색꽃무지가 먹는 밥은 잎사귀도 아니고 꽃잎도 아닌 꽃가루입니다. 그래서 풀색꽃무지 주둥이는 꽃가루를 쓱쓱 핥듯이 쓸어 먹을 수 있게 솔처럼 바뀌었어요. 꽃가루를 먹는 동안 온몸에 꽃가루가 덕지덕지 묻어 꽃가루 범벅이 됩니다. 이렇게 늘 꽃 속에 몸을 묻은 채 밥을 먹는다고 '꽃무지'라는 이름이 붙었죠.

정신없이 밥을 먹는 풀색꽃무지를 느긋이 바라봅니다. 몸길이가 15밀리미터쯤 됩니다. 몸집이 어른 손톱만큼 커서 금방 눈에 띄어요. 몸매는 달걀처럼 두루뭉술해요. 몸 색깔은 풀색인데, 군데군데 하얀 무늬가 찍혀 있습니다. 온몸에는 누운 털들이 보슬보슬 덮여 있네요. 가끔 몸 색깔이 밤색인 녀석도 있고, 딱지날개에 빨간 무늬가 그려진 녀석도 있습니다. 풀색꽃무지 하면 더듬이를 빼놓을 수 없지요. 더듬이가 야구 장갑처럼 생겼는데, 끝 쪽 세 마디는 나뭇잎처럼 길쭉하고 넓게 늘어났어요. 이곳에는 수많은 감각 기관이 빼곡히 깔려 있어 바람이 어디서 불어오는지, 습도와 온도가 높은지 낮은지, 짝은 어디에 있는지 같은 둘레에서 벌어지는 일들을 척척 알아채지요. 그래서 아무

풀색꽃무지가 쥐똥나무 꽃에 앉아 꽃가루를 먹고 있다.

일 없을 때는 더듬이를 가지런히 접고 있지만 둘레를 살필 때는 '포크'처럼 활짝 펼친 채 휘휘 젓고 다녀요. 풀색꽃무지는 우리나라에서 가장 흔해서 4월에서 10월까지 마음만 먹으면 만날 수 있습니다.

꽃 위에서 짝짓기

어른 풀색꽃무지가 할 가장 큰 임무는 짝짓기를 하고 건강한 알을 낳아 대를 잇는 일이에요. 그래서 틈만 나면 꽃가루를 먹어 몸속에 영양분을 쌓아둡니다. 다 튼튼한 알을 낳기 위해서지요.

암컷 한 마리가 꽃에 앉아 맛있게 꽃가루를 먹고 있네요. 그때예요. 풀색꽃무지 수컷이 포크같이 생긴 더듬이를 휘휘 흔들면서 밥을 먹고 있는 암컷에게 성큼성큼 걸어가고 있어요. 그새 암컷이 페로몬 냄새를 풍겼나 봐요. 페로몬은 몸에서 나오는 냄새로 자기 친구들에게 신호를 보낼 때 내뿜어요. 더욱이 암컷은 짝짓기 할 때가 다가오면 페로몬 냄새를 내뿜어서 수컷을 부르죠. 수컷이 용케도 이 냄새를 맡고 찾아왔어요. 수컷은 짝짓기를 하려고 암컷 등 위로 올라가려는데, 그만 암컷이 움직이는 바람에 툭 떨어지고 말았습니다. 그래도 포기할 수는 없죠. 수컷은 다시 암컷 머리 쪽으로 올라갔다, 배 꽁무니 쪽으로 올라갔다 여러 번 시도합니다. 마침내 암컷 등 위에 올라가 짝짓기에 성공하네요. 수컷이 이렇게 애를 쓰며 짝짓기를 하는 동안에도 암컷은 싫은 내색 없이 줄곧 꽃가루 먹는 일에만 정신을 쏟고 있어요.

땅속에 낳는 알

짝짓기를 마친 엄마 풀색꽃무지는 땅으로 내려가요. 땅에 내려오자마자 엄마 풀색꽃무지는 사부작사부작 땅을 파고 들어가 알을 낳습니다. 엄마 풀색꽃무지는 알과 아기 애벌레들을 돌보지 못하고 죽기 때문에 위험한 땅 위보다 안전한 땅속에다 알을 낳는 것이지요.

얼마 뒤 알에서 애벌레가 깨어났어요. 우리 친구들도 '굼벵이'라는 말 들어 보았지요? 풍뎅이 무리 애벌레들은 모두 굼벵이라고 불러요. 풍뎅이 무리 식구에는 우리 친구들이 잘 아는 사슴벌레, 꽃무지, 소똥구리, 소똥풍뎅이와 풍뎅이 무리들이 있어요. 참 많지요? 그래서 꽃무지 애벌레도 모두 '굼벵이'라고 합니다.

꽃무지 애벌레

굼벵이는 C자처럼 몸을 늘 구부정하게 구부리고 있습니다. 그래서 몸을 쭈욱 펴지 못하고 거의 옆으로 누워 살아요. 게다가 탕수육처럼 통통하고, 다리까지 짧아 제대로 기어 다니지도 못하지요. 몸 색깔은 우윳빛이에요. 살갗은 보드랍고 말랑말랑해서 살짝만 눌러도 터질 것만 같습니다. 온몸에는 짧은 털들이 쫙 깔려 있고, 옆구리에는 마디마다 마치 도장이라도 찍은 것처럼 숨구멍이 뚫려 있지요. 굼벵이는 사람과 달리 코가 없어서 옆구리에 난 숨구멍으로 숨을 쉬어요. 사람은 코와 입으로 숨 쉬는 데 말이에요.

등으로 기는 굼벵이

재미있는 일이 벌어졌어요. 웅크리고 있는 굼벵이를 살짝 건드리니까 몸을 쭉 펼치더니 홀라당 뒤집어요. 그리고는 보란 듯이 등을 땅바닥에 대고 누워서 기어가네요. 세상에! 다리가 아닌 등으로 기어갑니다. 이렇게 길 수 있는 까닭은 등에 쪼르륵 붙어 있는 털 때문이에요. 굼벵이는 등에 붙어 있는 빳빳하고 억센 털들을 움직여 기어갑니다. 기어가는 굼벵이를 만졌더니 화가 났나 봐요. 노란 큰턱을 양쪽으로 크게 벌리며 위협하네요.

애벌레 먹이

아기 풀색꽃무지 애벌레는 땅속에서 무엇을 먹고 살까요? 식물 뿌리나 흙에 묻힌 썩은 가랑잎을 먹고 삽니다. 애벌레는 땅속에서 엄마 아빠 도움 없이 혼자 힘으로 살아가죠. 한 해 넘게 허물을 두 번 벗으며 씩씩하게 잘 자랍니다. 아기 풀색꽃무지 애벌레는 혼자 힘으로 땅속을 오르락내리락 하면서 밥을 먹어요.

온도가 올라가고 뿌리가 잘 뻗는 여름에는 땅겉 가까이 올라오고, 가을에는 여름보다 추워지니 조금 깊은 곳으로 들어가고, 추운 겨울에는 땅속 깊이 내려가 겨울잠을 잡니다. 애벌레들이 사다리도 없이 먹이를 찾아 땅을 오르락내리락 할 때마다 땅속 흙이 뒤집어져서 서로 잘 섞이죠. 이렇게 흙이 뒤집어질 때마다 흙 속으로 공기가 들어가 땅속이 건강해져요. 또 풀색꽃무지 애벌레가 썩은 가랑잎이나 뿌리를 먹고 똥을 싸거든요. 이 똥이 땅을 기름지게 만들어서 식물들이 튼튼하게 자라게 해 주죠. 그뿐 아니에요. 애벌레는 두더지 같은 땅속에 사는 동물들에게 훌륭한 밥입니다. 이렇게 풀색꽃무지 애벌레는 땅속 생태계가 잘 돌아가게 도와줍니다.

추운 겨울이 다가오자, 아기 풀색꽃무지 애벌레는 이제 더 이상 먹지를 않고 땅속에서 겨울잠을 잡니다. 이듬해 봄이 올 때까지 거의 넉 달 동안 잠만 자는 잠꾸러기예요. 따져 보니 풀색꽃무지는 한살이 동안 거의 모든 시간을 땅속에서 지내네요. 애벌레와 번데기는 한 해 동안 땅속에서 살고, 어른벌레는 땅 위에서 열흘쯤 삽니다.

남 집에 얹혀사는
남가뢰

　4월이 되어 따스한 봄볕이 내리쬐니 봄꽃들이 앞다투어 피어나네요. 볕 잘 드는 오솔길 옆에는 보랏빛 얼레지 꽃, 새하얀 꿩의바람꽃, 가녀린 남산제비꽃, 족두리 닮은 족도리풀 꽃, 샛노란 복수초 꽃 같은 봄꽃들이 한창 피어납니다. 이맘때면 볕 잘 드는 풀밭에 남가뢰가 짜잔 하고 나타나요.

배불뚝이 남가뢰

　남가뢰라는 이름은 몸 색깔이 짙은 남색이라 붙은 이름입니다. 남가뢰는 보면 볼수록 별나게 생겼어요. 머리는 개미를 닮았고, 배는 뚱뚱해요. 더듬이는 구슬을 알알이 꿰어 놓은 목걸이 같은데, 수컷은 6~7번째 마디가 불룩 부풀어 있습니다. 몸은 곰보처럼 움푹움푹 패여 우

여러 가지 가뢰

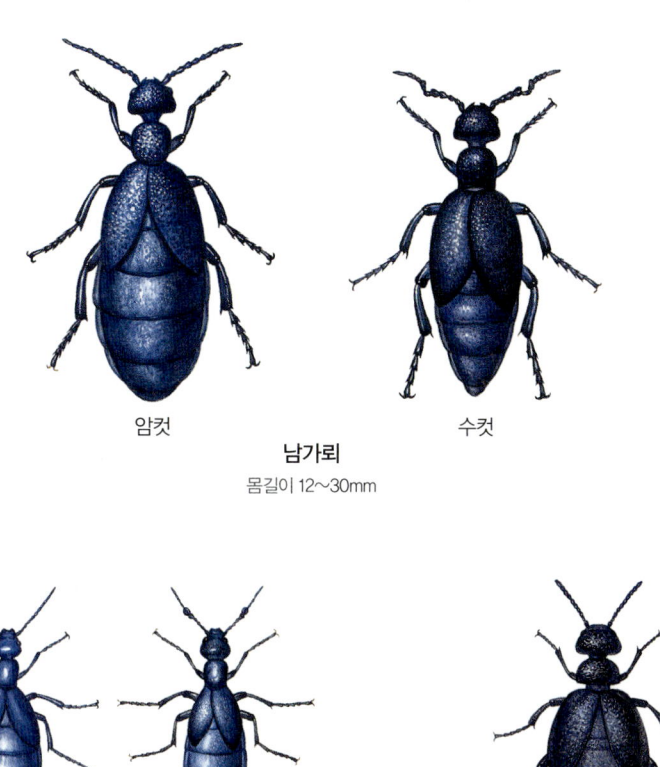

암컷   수컷
남가뢰
몸길이 12~30mm

암컷   수컷
애남가뢰
몸길이 8~20mm

둥글목남가뢰
몸길이 11~27mm

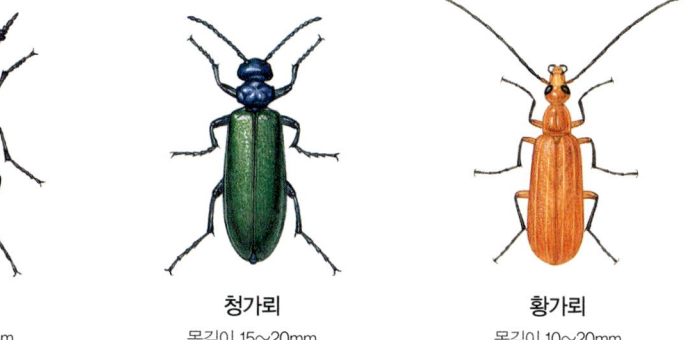

먹가뢰
몸길이 11~20mm

청가뢰
몸길이 15~20mm

황가뢰
몸길이 10~20mm

글쭈글합니다. 더 눈에 띄는 것은 겉날개인 딱지날개예요. 딱지날개가 엄청 짧아서 배 절반이 고스란히 드러나지요. 남가뢰는 생긴 것도 남다르지만 입맛도 별나서 쑥이나 박새, 얼레지 잎 같은 독이 든 풀을 잘 먹습니다. 이렇게 독을 품은 풀을 많이 먹어도 남가뢰는 끄떡없어요. 독에 내성이 생겨서 소화를 잘 시키죠.

우리나라 가뢰 무리

가뢰는 딱정벌레목 가문 식구입니다. 지구에는 7500종쯤 되는 가뢰가 사는데, 우리나라에는 16종쯤 삽니다. 거의 모든 가뢰들은 따뜻하고 메마른 곳을 좋아하고, 종마다 몸 색깔이 다릅니다. 그래서 우리나라에 사는 가뢰는 몸 색깔에 따라 이름을 붙였어요. 몸 색깔이 까만색이면 먹가뢰, 노란색이면 황가뢰, 파란색이면 남가뢰, 풀색이면 청가뢰, 무늬가 네 개 있으면 네눈박이가뢰입니다.

남가뢰 독

마침 남가뢰 한 마리가 쑥 잎사귀를 먹고 있네요. 살며시 다가가니 먹는 걸 딱 멈추더니 땅바닥으로 뚝 떨어집니다. 그러고는 '나 죽었다!' 하며 발라당 나자빠지네요. 더듬이와 다리 여섯 개를 배 쪽으로 오그려 붙이고 꼼짝도 하지 않습니다. 정신을 잃었기 때문이에요. 몇 분쯤 지나자 더듬이와 다리 여섯 개를 꿈틀꿈틀 움직이며 얼른 몸을 일으키

더니 어기적어기적 도망갑니다.

도망가는 남가뢰를 또 손끝으로 살짝 건드렸어요. 이번에는 노란 피를 흘립니다. 다리 마디마디에서 노란 피가 방울방울 스며 나와 이슬처럼 맺힙니다. 이 노란 피는 '칸타리딘'이라는 독입니다. 엄청 독해서 천적들이 잘못 먹었다가는 토하며 죽을 수도 있습니다. 얕봤다가 큰 코 다칠 수 있어요.

칸타리딘은 어디서 만들까요? 남가뢰 몸에서 직접 만듭니다. 신기하게도 남가뢰는 어른벌레 수컷만 칸타리딘을 만들고 어른벌레 암컷은 안 만들어요. 수컷은 짝짓기 할 때 암컷에게 칸타리딘이 들어 있는 정자를 선물로 넘겨줍니다. 그 덕분에 암컷은 독을 가지고 있는 알을 품지요. 이렇게 암컷과 알은 독을 품고 있기 때문에 천적들이 마음대로 잡아먹을 수 없습니다.

알을 수천 개 낳는 남가뢰

칸타리딘 선물을 받으며 짝짓기를 마친 엄마 남가뢰는 알 낳을 곳을 찾아요. 포슬포슬한 땅에 도착하자 흙을 파고 땅속으로 들어가 무더기로 알을 낳습니다. 다른 곤충들은 이렇게 알을 낳으면 곧 죽지만, 엄마 남가뢰는 알을 낳았는데도 죽지 않고 다시 땅 위로 올라와 쑥 잎이나 박새 잎을 먹습니다. 그렇게 속을 채우고 힘이 나면 다시 땅속으로 들어가 또 알을 낳지요. 이렇게 엄마 남가뢰는 4~5번쯤 더 땅속에 들어가 알을 낳습니다. 암컷 한 마리가 죽을 때까지 낳는 알은 3000개나 된다니 입이 다물어지지가 않네요. 엄마 남가뢰는 알을 다 낳으면 죽기 때문에 알과 태어날 애벌레들을 돌볼 수 없습니다. 그래서 될 수 있는 한 알을 많이 낳아요. 그래야 어떻게 바뀔지 모르는 환경 속에서도 살아남을 확률이 높습니다.

뒤영벌을 기다리는 애벌레

얼마 뒤 땅속에 낳은 알에서 아기 남가뢰 애벌레가 깨어납니다. 연약한 몸으로 흙을 뚫고 땅 위로 올라온 애벌레는 약속이나 한 듯이 죄다 엉겅퀴 줄기를 타고 오릅니다. 그러고서는 잎사귀 끝이나 꽃 위에 달라붙어 아무 일도 안하고 무작정 누군가를 기다립니다. 도대체 누굴 애타게 기다릴까요?

바로 꽃가루를 따라 온 꿀벌 집안 식구들을 기다리죠. 꼬마꽃벌, 뒤영벌, 호박벌, 가위벌 같은 몸에 털이 북슬북슬 난 벌들을 기다립니다. 그 가운데 남가뢰 애벌레는 유난히 뒤영벌 무리를 좋아해요.

마침 뒤영벌이 날아와 엉겅퀴 꽃에 앉았습니다. 이때를 기다렸던 애벌레들은 잽싸게 뒤영벌 다리와 털에 달라붙기 시작해요. 이렇게 뒤영벌 몸에 매달려 뒤영벌 집까지 가는데 모든 애벌레가 다 벌을 따라 둥지로 갈 수 있는 것은 아닙니다. 벌을 못 만나면 그냥 꽃 위나 잎 위에서 죽기도 해요.

남가뢰 애벌레가 무사히 뒤영벌 집에 도착했습니다. 남가뢰 애벌레들을 반기기라도 하듯이 맛있는 꽃가루 경단이 잔뜩 차려져 있네요. 꽃가루 위에 뒤영벌 알까지 놓여 있으니 아기 남가뢰 애벌레는 먹을 복이 터졌습니다. 뒤영벌 새끼들은 꽃가루를 밥으로 먹습니다. 그래서 어미 뒤영벌은 들판에서 꽃가루를 모아 와서 경단을 만든 다음 그 위

남가뢰 애벌레

남가뢰 애벌레들이 잎 가장자리에서 뒤영벌을 기다리고 있다.

남가뢰 애벌레들이 뒤영벌 몸에 붙어 날아간다.

에 알을 낳아 두거든요. 뒤영벌 집에 따라온 아기 남가뢰 애벌레는 어미 뒤영벌 털에서 떨어져 나와 뒤영벌 알과 꽃가루를 다 먹어치우니 기막힐 뿐입니다. 이렇게 남가뢰는 애벌레 때 뒤영벌 집에 와서 어른벌레가 될 때까지 지냅니다.

생김새가 많이 바뀌는 애벌레

남가뢰 애벌레는 허물을 벗으면서 생김새가 많이 바뀝니다. 이런 경우는 곤충 세계에서 아주 드문 일이에요.

땅속 알에서 갓 깨어난 1령 애벌레는 정말 희한하게 생겼습니다. 몸이 엄청 작고 꼭 좀처럼 생겼으며 발톱이 세 개 있어요. 옛날에는 1령 애벌레를 발톱이 세 개 있다고 '세발톱벌레'라는 뜻인 '트룅굴린(triungulin)'이라고 했지요. 그런데 원래 트룅굴린이라는 이름을 가진 다른 곤충이 있어서 지금은 가뢰 애벌레를 이렇게 부르지 않습니다.

1령 애벌레가 2령 애벌레를 거쳐 3령 애벌레가 되면 생김새가 또 전혀 다르게 바뀝니다. 좀처럼 생긴 생김새가 이번에는 굼벵이를 닮은 모습이 되지요. 또 5령 애벌레가 되면 생김새가 또 전혀 다르게 바뀌는데, 이번에는 번데기처럼 생겼습니다. 그래서 5령 애벌레를 '가짜 번데기'라는 뜻인 '의용'이라고 해요. 이 5령 애벌레는 긴 시간 동안 움직이지 않고 지냅니다. 이런 모습으로 6령 애벌레를 거쳐 종령 애벌레인 7령 애벌레가 되면 다시 굼벵이처럼 생김새가 또 바뀝니다.

이렇게 알에서 번데기가 되기까지 아주 여러 가지 모습으로 생김새를 바꿉니다. 남가뢰는 한 해에 한 번 한살이가 돌아가요. 남가뢰 한살이를 보면 '알 - 좀 모양 애벌레 - 굼벵이 모양 애벌레 - 가짜 번데기 모양 애벌레 - 굼벵이 모양 애벌레 - 번데기 - 어른벌레'를 거칩니다. 이렇게 애벌레가 허물을 벗을 때마다 생김새가 전혀 다르게 바뀌는 것을 전문 용어로 '지나친탈바꿈(과변태, hypermetamorphosis)', 또는 '이형탈바꿈(heteromorphosis)'이라고 합니다.

배가 샛노란
노랑배허리노린재

   비가 갠 7월 초 하늘에는 하얀 뭉게구름이 멋진 그림을 그리며 두둥실 떠다닙니다. 비가 온 뒤라 무척 무덥네요. 따가운 햇볕을 피해 나무 그늘을 골라 쉬엄쉬엄 걸었어요. 그런데 길옆에 자라는 화살나무 열매에도 참빗살나무 열매에도 누군가가 앉아 있군요. 누굴까? 잰걸음으로 다가가 보니 멋진 노랑배허리노린재네요. 한두 마리가 아닙니다. 엄청나게 많아요. 날개 없는 애벌레부터 날개 달린 어른까지 바글바글 떼 지어 있습니다. 어떤 녀석은 잎사귀에 붙어 있고, 어떤 녀석은 덜 여문 열매에 붙어 있네요. 그야말로 노랑배허리노린재 세상입니다.

배가 샛노란 노랑배허리노린재

   곤히 쉬고 있는 어른 노랑배허리노린재를 요모조모 살펴보니 몸매가

늘씬하고 참 잘 생겼네요. 등은 짙은 갈색이라 정장을 차려 입은 것처럼 말쑥하고 점잖아 보입니다. 노랑배허리노린재를 살짝 건드려 배를 살펴보니 머리끝에서 배 꽁무니까지 온통 샛노랗습니다. 그래서 노랑배허리노린재라고 부르니 이름 한번 잘 지었네요. 다리 여섯 개는 마치 색동 양말을 신은 것처럼 빨간색, 하얀색, 까만색이 뒤섞여 있어서 아주 멋집니다.

화살나무

훤칠하게 잘생긴 노랑배허리노린재를 만나거든 손으로 살짝 만져 보세요. 그리고 손끝을 코에 갖다 대 보면 시큼하고 고약한 냄새가 납니다. 몸에서 노린내가 난다고 노린재라고 부르니 냄새가 얼마나 지독할지 상상이 될 거예요. 이 역겨운 냄새는 자신을 지키려고 내뿜은 화학 폭탄이에요. 천적을 만나면 노린재는 지독한 냄새를 풍기는 폭탄을 터뜨려 천적을 혼내 줍니다. 냄새 폭탄은 어디서 뿜어 나올까요? 어른벌레는 옆구리에서, 애벌레는 등 위에 뚫린 구멍에서 나옵니다.

노랑배허리노린재 밥

노랑배허리노린재가 배고픈가 봅니다. 머리를 열매에 갖다 대고 주삿바늘처럼 가느다랗고 뾰족한 주둥이를 꺼내 푹 찌릅니다. 그런 다음 마치 방아 찧듯이 머리를 위아래로 천천히 움직이네요. 뭐하는 걸까요? 신선한 참빗살나무 열매즙을 쭉쭉 빨아 마시고 있는 거예요.

노랑배허리노린재는 노린재목 집안 식구입니다. 우리나라에 사는 노린재들은 모두 300종쯤 되는데, 집안이 같다 해도 먹성이 다 똑같지 않아요. 육식성 노린재는 힘없는 동물 체액을 빨아 마시지만, 초식성 노린재는 식물 즙이나 열매즙을 빨아 마십니다. 즙만 먹다 보니 노린재 집안 식구들은 주둥이가 모두 무언가를 찌를 수 있게 침처럼 굉장히 뾰족해요. 그 가운데 노랑배허리노린재는 초식성이라 식물 즙을 먹을 수 있게 바늘처럼 가느다랗고 뾰족하죠. 그래서 줄기, 잎, 꽃, 열매

노랑배허리노린재
몸길이 14~17mm

노랑배허리노린재는 이름처럼 배가 노랗다.

따위를 가리지 않고 식물 어느 곳이든 주둥이를 푹 찔러 넣고 즙을 쭉쭉 빨아 마셔요. 물론 긴 주둥이가 거추장스러우니 밥을 먹지 않을 때는 접어서 배 쪽 다리 사이에 둔답니다. 노랑배허리노린재는 입맛이 까다로워서 그 많은 식물 가운데 노박덩굴과 집안 식구만 골라 먹습니다. 노박덩굴과에는 화살나무, 참빗살나무, 회잎나무, 사철나무, 노박덩굴, 참회나무 같은 나무가 있는데, 이 가운데에서도 참빗살나무와 화살나무를 즐겨 먹지요.

노랑배허리노린재는 참빗살나무 열매를 실컷 먹으면서 마음에 드는 짝을 만나면 짝짓기를 합니다. 노랑배허리노린재는 서로 반대쪽을 바라보며 배 꽁무니를 맞대고 짝짓기를 합니다. 짝짓기 할 때는 거의 안 움직이고 잎이나 줄기에 딱 달라붙어 있어요. 짝짓기 하고 있는 노랑배허리노린재를 살짝 건드려 봤어요. 그랬더니 암컷이 놀라 엉금엉금 기어 도망가고, 수컷은 암컷 배 꽁무니에서 떨어지지 않으려고 안간힘을 쓰며 뒷걸음질로 끌려가네요. 둘은 이리저리 걷다가 참빗살나무 열매에 다시 자리를 잡고 짝짓기에만 정신을 쏟습니다. 노랑배허리노린재는 누가 건들지만 않으면 오래오래 떨어지지 않고 짝짓기를 합니다. 한 시간, 두 시간, 심지어 아무도 안 건드리면 하루 종일 짝짓기 할 때도 있어요. 그렇게 오래 짝짓기 하는 까닭은 다른 수컷이 암컷과 짝짓기를 못하게 막으려는 것이에요. 수컷 입장에서는 암컷 곁을 오래오래 지킬수록 자기 유전자가 전해질 가능성이 높아지기 때문이지요.

알 낳고 죽는 암컷 노랑배허리노린재

짝짓기를 마친 암컷 노랑배허리노린재는 알 낳을 곳을 찾습니다. 다행히 아기 애벌레가 먹는 밥도 화살나무나 참빗살나무 같은 노박덩굴과 집안 식물이니 멀리 갈 필요가 없어요. 그냥 자기가 살고 있는 곳에 알을 낳으면 됩니다. 암컷은 참빗살나무 잎사귀 뒷면에 자리를 잡고 배 꽁무니를 움찔움찔하면서 알을 낳아요. 알 하나가 쏙 빠져 나오면 배 꽁무니를 살짝 앞쪽으로 옮긴 뒤 또 하나 낳고, 또 그 앞에 하나 낳지요. 이렇게 수십 개 알을 한곳에 겹치지 않게 차례차례 줄을 맞춘 듯 낳습니다. 알은 뾰족한 타원형으로 생겼는데 어찌나 윤이 나는지 반짝

노랑배허리노린재 짝짓기
암컷과 수컷이 서로 꽁무니를 마주 대고 짝짓기를 한다.

이는 보석 같네요. 알을 가까이 들여다보면 위쪽에는 홈이 살짝 파여 있습니다.

알은 잎을 살짝 흔들어도 안 떨어지고 딱 달라붙어 있어요. 그건 엄마 노랑배허리노린재가 알을 낳으면서 풀처럼 끈적이는 물을 함께 내어서 잎에 딱 붙였기 때문입니다. 그래서 비가 쏟아지고 거센 바람이 불어도 알은 잎에서 안 떨어지고 끄떡없지요.

엄마 노랑배허리노린재가 알을 낳느라 힘이 다 빠져 시름시름 앓다 그만 쓰러져 죽었어요. 알만 달랑 낳아 놓고서, 앞으로 태어날 애벌레들을 돌보지도 못한 채 죽는 엄마 심정은 무척이나 슬펐을 거예요. 알에서 아기들이 무사히 태어나길 간절히 바라는 엄마 마음이 들리는 듯하네요.

며칠 지나자 불그스름한 알에서 아기 애벌레가 태어납니다. 알 위쪽에 있는 뚜껑처럼 생긴 곳을 열고서 꼬물꼬물 기어 나와요. 아기 애벌레들은 알 껍질을 먹지 않고 그냥 내버려 둔 채 다른 곳으로 떠나요.

혼자서도 잘 크는 애벌레

아기 노랑배허리노린재 애벌레는 엄마 아빠와 생김새가 쏙 닮았어요. 몸매와 더듬이, 머리, 다리 어디 하나 안 닮은 곳이 없습니다. 먹성도 똑 닮아서 애벌레 역시 참빗살나무나 화살나무 즙을 빨아 먹지요. 다만 애벌레는 몸 색깔이 많이 다르고, 날개가 다 자라지 않아서 아직 배 꽁무니를 다 덮지 못해요.

　이제부터 노랑배허리노린재 애벌레는 엄마 아빠 없이 혼자서 씩씩하게 살아야 해요. 신기하게도 애벌레들은 엄마 아빠와 달리 함께 모여 살아요. 잎이나 자그마한 열매 하나에 15마리도 넘게 붙어서 식물 즙을 빨아 먹기도 합니다. 애벌레들끼리 서로 말도 못하는데 어떻게 바글바글 모일까요? 그건 페로몬이라는 냄새를 내뿜어 서로를 부르기 때문이지요. 곤충에게 페로몬은 서로 주고받는 말인 셈이에요. 아기 애벌레들은 집합페로몬 냄새를 맡고 서로 약속이나 한 듯이 함께 모여 밥을 먹고, 함께 쉬고, 함께 잠을 자요. 엄마 아빠 보살핌 없이 혼자 살아야 하는 애벌레들은 이렇게 떼를 지어 모여 있어서 마치 몸집이 큰

노랑배허리노린재 알

벌레처럼 보이게 한답니다. 이렇게 모여 있으면 천적 눈에 몸집이 큰 곤충으로 보여서 섣불리 잡아먹지 못하거든요. 게다가 지독한 냄새가 나는 화학 폭탄도 스스로를 지키는 소중한 무기입니다.

어른벌레가 되는 애벌레

아기 노랑배허리노린재도 굉장히 예쁘답니다. 온몸은 샛노란데, 머리와 더듬이, 다리, 배 가장자리가 까매서 눈에 확 띕니다. 아기 애벌레들은 모여서 열심히 밥을 먹고 몸이 커지면 허물을 벗습니다. 애벌레는 허물을 모두 네 번 벗으면서 무럭무럭 자랍니다. 애벌레가 다 자라서 5령 애벌레가 되면 등에 난 날개 싹이 보여요. 날개 싹은 자그마해서 등 절반도 못 덮지만 앙증맞고 귀여워요. 하지만 짧은 날개도 잠깐이에요. 몇 주 지나 몸이 커지면 또 한 번 허물을 벗고 드디어 어른 노랑배허리노린재로 탈바꿈합니다. 어른이 되면 길쭉한 날개가 배 꽁무니까지 덮어 아름다운 맵시를 뽐내지요.

노랑배허리노린재는 사슴벌레 같은 딱정벌레와 달리 번데기를 만들지 않아요. 번데기 시절을 거치지 않고 애벌레 시절만 보내고 곧바로 어른벌레로 탈바꿈하지요. 이런 탈바꿈을 '안갖춘탈바꿈'이라고 해요. 한자말로는 '불완전변태'라고 하지요. 노랑배허리노린재처럼 노린재 집안 식구들은 모두 안갖춘탈바꿈을 합니다. 그래서 산과 들판에 나가면 봄부터 가을까지 아무 때나 생김새가 닮은 애벌레와 어른벌레를 만

노랑배허리노린재 5령 애벌레

날 수 있어요.

 어느새 철이 바뀌어 나뭇잎과 풀잎이 노랗게 빨갛게 울긋불긋 물들어갑니다. 단풍 든 나뭇잎들이 가을바람에 빙그르르 춤추며 돌다 떨어져 데굴데굴 굴러가네요. 가을이 무르익어 가자 부쩍 어른 노랑배허리노린재가 눈에 많이 띕니다. 어른벌레는 가을 내내 따스한 가을 햇볕을 쬐면서 신선한 식물 즙으로 배를 채워요. 추운 겨울을 무사히 잘 넘기기 위해 틈만 나면 참빗살나무에 날아와 식물 즙을 빨아 먹으며 영양을 보충하지요. 그러다 추워지면 가랑잎 더미나 돌 밑, 집 같은 따뜻한 곳으로 들어가 겨울잠을 쿨쿨 잡니다. 이때도 형제자매들이 다닥다닥 떼로 모여 따뜻한 봄이 올 때까지 함께 지냅니다.

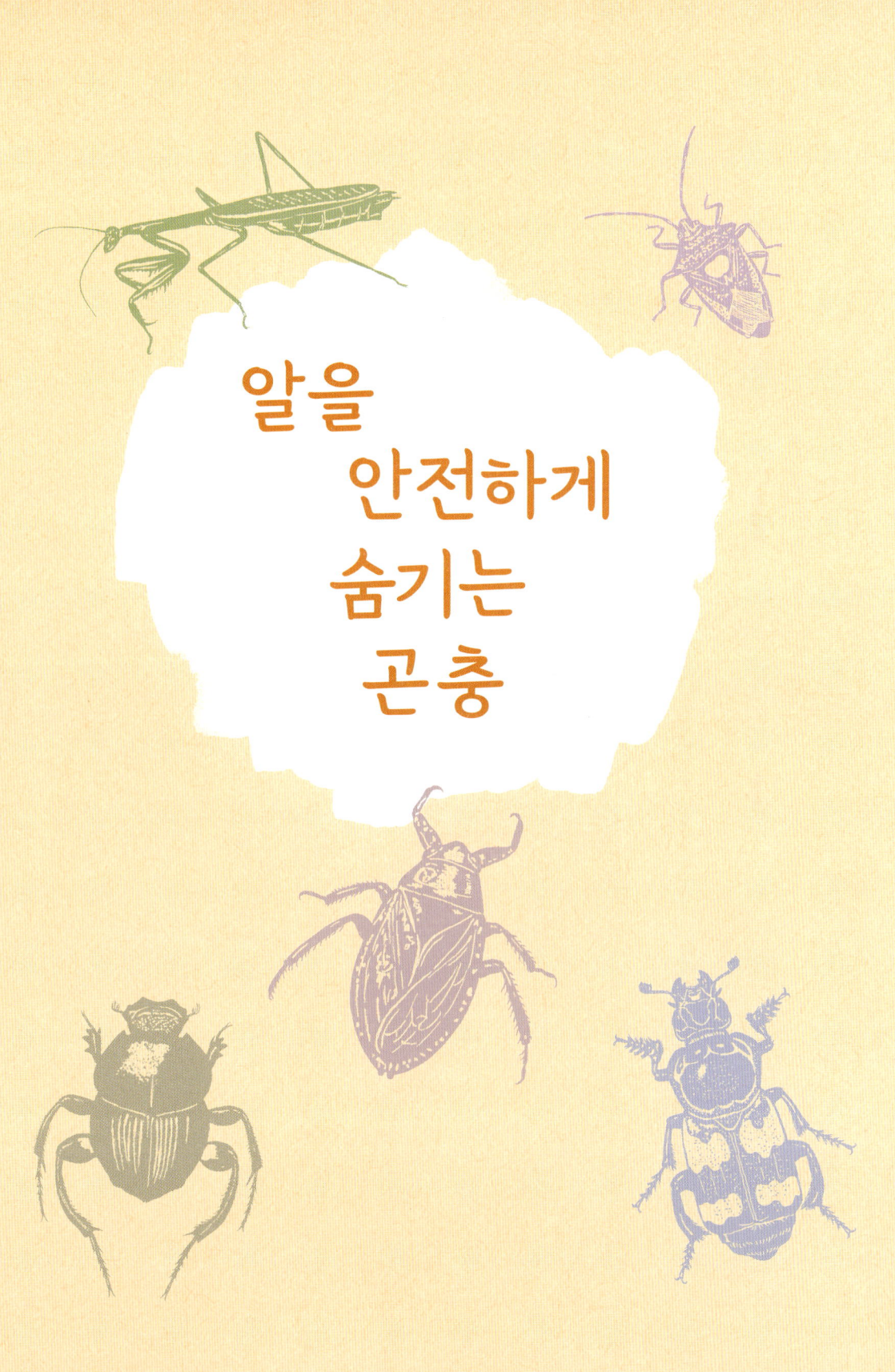

알을 안전하게 숨기는 곤충

털옷을 입혀 주는
노랑털알락나방

　10월에는 하늘이 바다처럼 파랗습니다. 손을 내밀어 하늘 속에 푹 담그면 손톱에 파란 물이 들 것만 같네요. 하늘 한 귀퉁이에서는 새하얀 양털 구름이 파란 하늘 위를 살랑살랑 헤엄치며 뛰놀아요. 구수한 가을 내음을 흠씬 맡으며 북한산 오솔길을 걸었습니다. 얼마쯤 걸었을까? 울긋불긋 단풍 든 나무들 틈에 풀빛 옷을 입은 사철나무가 눈에 확 띄네요. 가까이 다가가 반질반질 윤이 나는 도톰한 잎을 들여다보는데 줄기에 복슬복슬한 노랑 털옷을 입은 나방이 앉아 있습니다. 날씨가 추워서 다른 곤충들은 모두 겨울잠을 자러 갔는데 이 늦가을에 웬 나방일까요? 가까이 보니 한 마리가 아니군요. 노랑털알락나방 부부가 다소곳이 짝짓기를 하고 있어요. 쌀쌀한 늦가을에 짝짓기를 하다니! 곧 추운 겨울이 들이닥칠 텐데 알을 낳으려나 봐요. 긴 겨울 내내 알이 꽁꽁 얼지도 모르는데, 어떻게 알을 낳으려고 그러는 걸까요?

알에 털옷을 입혀 주는 엄마 노랑털알락나방

스산한 바람이 부는 늦가을에 우수수 쏟아지는 가랑잎 비를 맞으며 오솔길을 걷는데 나무줄기에 뭔가 붙어 있는 것이 보였어요. 궁금해서 줄기를 당기는 순간, 손끝에 물컹거리는 것이 닿았습니다. 그래서 깜짝 놀라 나도 모르게 줄기에서 손을 뗐네요. 뭘까? 놀란 마음을 가라앉히고 들여다보니 노랑털알락나방 알이었어요. 얼마나 많은지 줄기 한쪽에 알이 물샐틈없이 붙어 있네요.

사철나무

알들 위에는 엄마 노랑털알락나방이 앉아 있네요. 한 마리가 아니라 세 마리가 쪼르륵 줄 맞춰 여섯 다리로 줄기를 꼭 껴안고 앉아 있습니다. 이름처럼 엄마 노랑털알락나방 몸에는 털이 참 많이도 나 있어요. 꼼꼼히 톺아보니 배 꽁무니 쪽에는 수십 개 알들이 쪼르륵 길게 줄지어 붙어 있네요. 이렇게 많이 낳았는데도 성에 안 차는지 엄마는 쉬지 않고 알을 낳습니다. 추운 겨울이 코앞인데, 알이 얼어 죽기라도 하면 어쩌려고 저렇게 겁 없이 알을 낳는 것일까요? 하지만 걱정하지 않아도 돼요. 엄마 노랑털알락나방에게 좋은 방법이 있거든요. 엄마는 알 위에 따스하고 푹신한 털옷을 입혀 줍니다.

어떻게 털옷을 알 위에 입혀 줄까요? 엄마 노랑털알락나방은 배 꽁무니를 실룩대며 알을 하나 쏘옥 낳아요. 그리고서는 털이 수북한 배 쪽을 알에 대고 문지르죠. 그러면 알에 털이 찰싹찰싹 달라붙습니다. 왜 가벼운 털은 바람에 안 날아가고 알에 찰싹 붙어 있을까요? 알에는 끈적이는 물이 흥건하게 묻어 있기 때문이지요. 그래서 바람이 아무리 세차게 불어도 털은 날아가지 않고 알에 딱 붙어 있어요. 엄마 노랑털알락나방이 알을 낳을 때면 알이 나오는 길 옆쪽에 있는 샘에서 풀처럼 끈끈한 물이 나와 알을 흥건하게 적십니다.

엄마 노랑털알락나방은 왜 알 위에 털옷을 입혀 줄까요? 엄마 노랑털알락나방은 알을 낳은 뒤 얼마 안 있어 죽기 때문에 알을 살뜰하게 돌볼 수가 없거든요. 엄마 노랑털알락나방이 죽은 뒤에도 알이 얼지 않도록 털옷을 입혀 주는 것이지요. 엄마 노랑털알락나방이 낳은 알을 세어 보니 100개가 넘네요. 그 많은 알에다 하나하나 털옷을 입혀 주는 엄마 노랑털알락나방을 보니 마음 한구석이 짠합니다.

노랑털알락나방이 참빗살나무 나뭇가지에 알을 잔뜩 낳고 털로 덮어 주고 있다.

알을 지키는 엄마 노랑털알락나방

엄마 노랑털알락나방이 다리 여섯 개로 알을 감싸고, 날개를 지붕처럼 펼치고 있어요. 알을 품고 있는 엄마 노랑털알락나방을 여러 번 알에서 떼어 놓아 봤어요. 그랬더니 알에서 떼어 놓아도 다시 알 더미로 되돌아와 알을 품네요. 아마도 자기가 낳은 알을 지키려고 그러는 것 같습니다. 하지만 알을 낳은 엄마 노랑털알락나방은 시나브로 힘을 잃어 가요. 마침내 알을 보듬고서 쌀쌀한 바람을 맞으며 목숨을 다하죠. 엄마는 죽었지만 따스한 털옷 덕분에 알들은 추운 겨울을 잘 견뎌낼 수 있습니다.

암컷과 수컷 더듬이

노랑털알락나방을 만났을 때 암컷인지 수컷인지는 어떻게 알아볼까요? 더듬이를 보면 금방 알 수 있어요. 암컷 더듬이는 실처럼 가느다랗고 수수해요. 수컷 더듬이는 빗살처럼 넓게 펼쳐져서 굉장히 화려하고 멋집니다. 몸집은 수컷보다 암컷이 훨씬 더 커요. 암컷 몸에는 알이 잔뜩 들어 있기 때문이지요.

이른 봄에 깨어나는 아기 노랑털알락나방 애벌레

봄이 되자 지난가을에 봐 두었던 노랑털알락나방 알을 찾아 산에 왔어요. 하늘하늘 부는 봄바람 맞으며 알이 붙어 있던 줄기를 들여다봤

노랑털알락나방 수컷
날개 편 길이 31~33mm

노랑털알락나방 암컷

털옷을 입혀 주는 노랑털알락나방 • 41

습니다. 벌써 알에서 애벌레들이 나왔네요. 4월 초가 되면 알에서 애벌레가 깨어난답니다. 지난해 엄마 노랑털알락나방이 덮어 준 털들은 알 껍질에 그대로 붙어 있어요. 서른 마리가 훌쩍 넘는 애벌레들이 새 잎에 옹기종기 모여 있네요.

갓 태어난 애벌레들은 주둥이에서 명주실을 뽑아 자기 몸 둘레를 덮어요. 힘센 천적이 언제 나타날지 모르잖아요. 그러니 얼른 명주실로 텐트를 쳐서 자기 몸을 지키려는 것이지요. 명주실 텐트를 다 지으면 애벌레는 그 속에 들어가 느긋하게 앉아서 잎을 아삭아삭 씹어 먹습니다. 하지만 좀 더 자라서 2령 애벌레가 되면 명주실 텐트를 치지 않고 몸을 다 드러내고 살지요. 아기 노랑털알락나방 애벌레는 늘 모여서 함께 산답니다. 20마리에서 30마리가 모여 있으면 천적 눈에는 마치 커다란 먹잇감으로 보여서 선뜻 잡아먹지 못하기 때문이지요.

사이좋게 모여 사는 아기 노랑털알락나방 애벌레

아기 노랑털알락나방 애벌레는 먹보예요. 잠잘 때와 쉴 때만 빼고 맨날 먹기만 해요. 주둥이가 얼마나 튼튼한지 도톰한 잎을 모조리 먹어 치워요. 잎을 먹고 몸이 커지면 허물을 벗고, 또 먹다가 몸이 커지면 또 허물을 벗으면서 무럭무럭 자랍니다. 노랑털알락나방 애벌레는 자기가 벗은 허물을 먹어 치우지 않아요. 그래서 애벌레가 머문 사철나무 잎에는 지저분한 허물들이 덕지덕지 붙어 있습니다.

밥을 먹고 있는 애벌레를 슬쩍 건드려 봤어요. 그랬더니 놀랍게도 아기 애벌레 등 속에 숨어 있던 살갗이 눈 깜짝할 사이에 밖으로 나와 뒤집어지더니 물이 방울방울 배어 나오네요. 이 물을 만져 보니 끈적거려요. 이 물은 자기 몸을 지키려고 내뿜는 방어 물질이에요.

알에서 깨어난 지 보름쯤 지나면 애벌레는 다 자라 종령 애벌레가 됩니다. 다 자란 애벌레는 오동통해서 귀여워요. 몸 색깔은 베이지색 바탕에 까만 줄무늬가 여러 줄 그려져 있어서 세련미가 넘치죠. 살갗에는 새하얀 털들이 수북하게 나 있습니다.

노랑털알락나방 애벌레

줄을 걸고 뛰어내리는 애벌레

애벌레가 하도 귀여워서 살짝 건드렸더니 화들짝 놀란 애벌레가 갑자기 잎 아래로 뚝 떨어졌어요. 그런데 땅에 뚝 떨어질 줄 알았던 애벌레가 명주실에 매달려서 공중에 대롱대롱 매달려 있네요. 뛰어내리는 순간 애벌레가 입에서 명주실을 뽑아 재빨리 잎에 붙였기 때문이지요. 애벌레는 바람이 불 때마다 명주실에 매달린 채 공중에서 정신없이 빙글빙글 돌아요. 그러다 마음이 놓이면 정신을 차리고 다리를 꼬무락꼬무락 움직여 명주실을 타고 잎으로 올라갑니다.

안타깝게도 애벌레 둘레에는 늘 애벌레를 노리는 천적들이 들끓어요. 애벌레 하나는 천적을 피해 잎에서 명주실을 타고 공중으로 뛰어내렸다가 그만 기생파리에게 딱 잡히고 말았어요. 아기 애벌레는 싫다고 몸을 움츠렸다 길게 폈다 버둥대며 몸부림을 칩니다. 하지만 이에 아랑곳 않고 기생파리는 애벌레를 꼼짝 못 하게 끌어안은 채 배 꽁무니를 대고 알을 낳네요. 세상에! 졸지에 아기 노랑털알락나방 애벌레가 기생파리 애벌레 밥이 되었습니다. 며칠 뒤 기생파리 알에서 깨어난 애벌레는 노랑털알락나방 애벌레 몸을 야금야금 파먹으면서 무럭무럭 큽니다. 노랑털알락나방 애벌레에게는 안된 일이지만 이렇게 먹고 먹히는 관계 속에서 자연은 스스로 균형을 찾는 것이지요.

이렇게 아기 노랑털알락나방 애벌레는 천적을 피하려고 입에서 명주실을 뽑아 텐트를 치고, 함께 모여 살고, 천적이 싫어하는 물도 내뿜어요. 하지만 시시때때로 기생파리, 기생벌, 개미, 거미나 새들에게 잡아먹히는 애벌레들을 보면 안타깝고 불쌍한 마음이 드는 것은 어쩔 수 없네요.

여름잠 자는 번데기

알에서 노랑털알락나방 애벌레가 깨어난 지 거의 한 달이 됐어요. 세찬 비바람을 버텨 내고, 사나운 천적을 용케도 잘 피해 살아남은 애벌레가 드디어 번데기로 탈바꿈할 준비를 합니다. 애벌레는 그 좋아하던 밥을 입에도 안 대고, 하루 종일 고치를 만들어요. 이때 애벌레 입에서 나오는 명주실은 고치를 만들 때 아주 중요하게 쓰입니다. 애벌레는 다리와 주둥이로 잎사귀 여러 장을 끌어다 서로 겹치게 붙인 뒤, 그 속에 들어가 납작한 타원형으로 고치를 지어요. 고치를 다 지으면 이틀쯤 쉬었다가 드디어 파란만장했던 애벌레 시절에 입었던 옷을 천천히 벗고 번데기가 되지요.

노랑털알락나방은 번데기로 더운 여름을 보냅니다. 그러다 10~11월 찬바람이 불어 가랑잎이 뒹구는 늦가을이 되면 다른 곤충들은 이미 겨울 채비에 들어가는데, 노랑털알락나방은 번데기 속에서 어른벌레로 날개돋이 해서 나옵니다. 따져 보니 알에서 어른벌레가 되기까지 한 해가 걸리지만, 가을부터 이듬해 가을까지 한살이가 이어지니 햇수로는 두 해가 걸립니다.

알을 지갑 속에 싸 놓는
남생이잎벌레

5월에는 온 세상이 풀빛으로 물들어 가요. 길옆 풀밭에서는 파릇파릇한 풀들이 쭉쭉 자라나지요. 잡초 중에 잡초인 명아주도 이때 허리춤까지 자랍니다. 명아주는 너무 흔하고 생긴 것도 보잘것없어서 이리 치이고 저리 치이는 풀이에요. 그런 명아주가 좋다고 눈만 뜨면 찾아오는 단골손님이 있지요. 바로 남생이잎벌레예요.

남생이 닮은 남생이잎벌레

남생이잎벌레는 이름 그대로 남생이를 닮았어요. 몸길이는 7밀리미터쯤 되어서 맨눈에도 잘 보여요. 몸매는 타원형으로 두루뭉술하고 색깔은 옅은 밤색입니다. 다리는 짧아서 좀처럼 구경할 수 없지만 달팽이 눈처럼 삐죽이 나온 더듬이는 잘 보여요. 슬그머니 건드렸더니 깜짝 놀라 움직이지를 않네요. 남생이잎벌레는 위험을 느끼면 더듬이는 머리 아래쪽에 쏙 집어넣고, 여섯 다리는 배 쪽으로 바짝 오그려 붙입니다.

꼼짝 앉던 남생이잎벌레가 꼬물꼬물 더듬이를 쑥 꺼내고 오그렸던 다리도 펴고서는 엉금엉금 걸어갑니다. 이렇게 위험해지면 잠깐 정신을 잃었다가 시간이 조금 지나면 깨어나지요.

흰명아주

명아주 잎을 먹고 사는 남생이잎벌레

남생이잎벌레는 입맛이 까다로워서 명아주 잎만 먹어요. 다른 잎을 먹으면 소화가 안 돼 토하고 죽을 지도 몰라요. 가만히 보니 밥 먹는 버릇이 고약하네요. 한곳에 진득하니 앉아 먹지 않고 이리저리 옮겨 다니며 먹으니 말이에요. 그래서 남생이잎벌레가 먹고 난 명아주 잎사귀는 그물처럼 군데군데 구멍이 뽕뽕 뚫려 있습니다. 남생이잎벌레는 주둥이가 약해서 질긴 잎맥을 씹을 수가 없기 때문이에요. 부드러운 잎살만 골라 먹어야 하기 때문에 여기서 찔끔 저기서 찔끔 깨작거리며 먹습니다.

남생이잎벌레 짝짓기

명아주 잎에 날아온 남생이잎벌레는 배가 많이 고픈가 봐요. 주둥이를 오물오물 움직이며 허겁지겁 밥을 먹기 시작합니다. 그때예요. 어디서인지 남생이잎벌레 한 마리가 부리나케 날아와 밥을 먹는 남생이잎벌레에게 다가가네요. 아! 가만히 보니 밥 먹는 녀석은 암컷이고, 나중에 온 녀석은 수컷이군요. 암컷이 밥을 먹으면서 달콤한 페로몬 냄새를 풍겼나 봐요. 곤충들은 페로몬 냄새를 퍼뜨려 서로 신호를 주고받아요. 페로몬 냄새는 바람에 실려 멀리 퍼져 나가다가 수컷 더듬이에 걸려들지요. 이 냄새를 맡은 수컷은 암컷이 있는 곳을 기막히게 알아차리고 잽싸게 찾아와요.

남생이잎벌레
몸길이 7mm 안팎

　수컷은 암컷이 굉장히 마음에 들었나 봐요. 만나자마자 다짜고짜 더듬이로 암컷을 툭툭 치며 인사를 하네요. 암컷도 수컷을 보고 마음에 들었는지 도망치지를 않아요. '이때다!' 하고 수컷이 암컷 등 위에 올라가 짝짓기를 합니다. 바로 그때예요. 또 다른 수컷 한 마리가 붕 날아와 염치도 없이 짝짓기 하는 암컷과 수컷을 덮쳤어요. 짝짓기 하는 수컷 남생이잎벌레 등에 매달려 암컷을 차지하려 애를 씁니다. 결국 짝짓기 하던 수컷과 나중에 날아온 수컷이 서로 밀고 밀치며 치열한 싸움을 벌이네요. 그러든 말든 암컷은 아랑곳하지 않고 오로지 밥만 먹고 있어요. 한참 실랑이를 벌이던 끝에 늦게 날아온 수컷이 짝짓기 하던 수컷 발에 차여 땅바닥에 떨어져 나뒹굴어요. 이제 마음 놓고 남생이잎벌레 부부는 사이좋게 짝짓기를 합니다.

알을 정성껏 싸는 엄마 남생이잎벌레

짝짓기를 마친 엄마 남생이잎벌레가 알을 낳아요. 엄마는 명아주 잎사귀 뒷면에 앉아 배 꽁무니를 실룩실룩 움직이며 온 힘을 다해 하나씩 하나씩 알을 쑥쑥 낳습니다. 그런데 엄마 남생이잎벌레는 쌀처럼 길쭉한 알을 10개쯤 낳아 2층으로 차곡차곡 쌓아요. 먼저 1층에 알을 너덧 개 나란히 붙여 낳은 뒤 그 위에 다시 알을 너덧 개 낳아 쌓습니다. 그렇게 2층짜리 알 무더기가 완성됩니다. 그러고는 몸속에서 끈적거리는 물을 내서 포장지로 선물을 싸듯이 알을 포근히 감쌉니다. 이 끈끈한 물은 알 주머니가 되어 알들을 지켜 줘요. 알 주머니에 들어 있는 알은 안전해서 비바람이 들이닥쳐도 끄떡없습니다. 또 천적들한테도 손쉽게 잡아먹히지 않지요. 알과 새끼를 돌보지 못하고 죽는 엄마 남생이잎벌레가 애벌레들이 더 많이 살아남을 수 있도록 알을 단단하게 싸 놓은 덕분이에요. 알을 다 낳은 엄마는 힘이 다 빠져 맥을 못 춥니다. 그래도 알을 낳아 대를 이었으니 할 일을 다 마치고 죽어 가네요.

허물을 뒤집어 쓴 남생이잎벌레 애벌레

얼마 뒤 알에서 아기 남생이잎벌레 애벌레가 태어나 꼬물꼬물 기어 나옵니다. 갓 태어난 1령 애벌레는 2밀리미터밖에 안 될 만큼 작지만 혼자 힘으로 밥을 먹어야 해요. 1령 애벌레도 엄마 아빠처럼 명아주 잎만 먹으며 무럭무럭 자라요. 먹는 모습은 한없이 평화롭게 보여도, 언제 천적이 나타날지 몰라 늘 마음속은 바늘방석입니다.

 아기 남생이잎벌레 애벌레는 보면 볼수록 묘하게 생겼어요. 꼭 괴상한 외계인 같아요. 몸매는 주걱처럼 생긴 타원형이고, 살갗은 속살이 다 비칠 만큼 투명하고 야들야들해요. 몸 가장자리에는 길고 억센 돌기가 울타리처럼 빙 둘러 나 있지요. 심지어 돌기마다 짧은 털들이 붙어 있어서 무시무시하네요. 그것도 모자라 애벌레는 늘 엉덩이를 추켜올리고 다녀요. 항문이 다 드러날 정도로 말이죠. 왜 그럴까요?

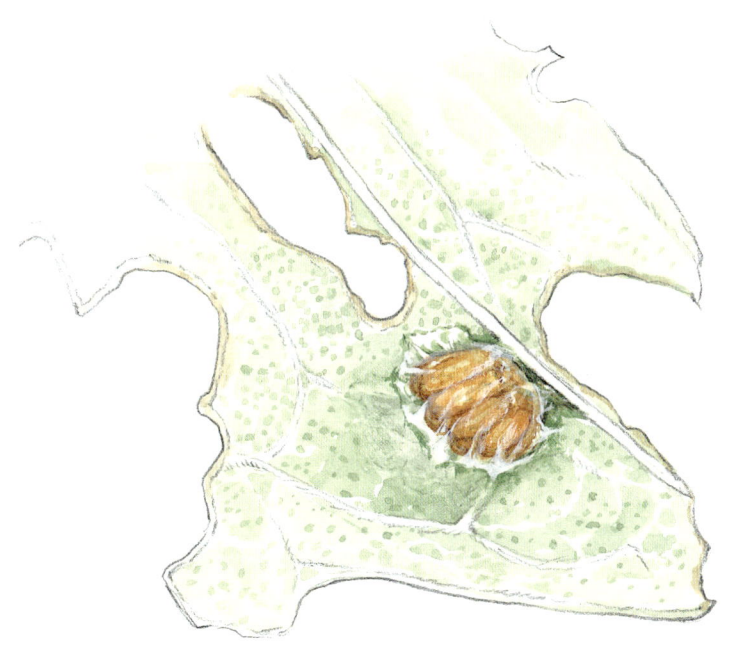

남생이잎벌레 암컷은 알을 낳으면 끈끈한 물로 알을 싸 놓는다.

알을 지갑 속에 싸 놓는 남생이잎벌레 · 51

가만히 보니 애벌레 등 위에는 쓰레기처럼 생긴 것이 얹혀 있네요. 그래서 언뜻 보면 쓰레기 더미가 움직이는 것 같아요. 잘 보면 이 쓰레기는 자기가 벗은 허물입니다. 자기 허물을 등에 얹은 거지요. 남생이잎벌레 애벌레는 자나 깨나 늘 등 위에 쓰레기처럼 생긴 허물을 아기처럼 업고 다닙니다. 애벌레 살갗은 아주 질기고 단단한 큐티클이라는 껍질로 되어 있어요. 이 껍질은 양잿물에 넣고 끓여도 녹지 않습니다. 애벌레가 열심히 밥을 먹으면 몸이 커지기 마련이에요. 하지만 이 큐티클 껍질은 절대로 늘어나지 않아요. 그래서 애벌레는 몸이 커지려면 이 껍질을 벗어야 합니다. 바로 허물을 벗는 것이지요. 알뜰하게도 남생이잎벌레 애벌레는 이 허물을 버리지 않고 등에 짊어지고 다녀요. 몸이 커지면서 허물을 벗은 순서대로 차례차례 등에 붙여 얹고 다닙니다. 허물을 세어 보면 애벌레가 몇 번 허물을 벗었는지 알 수 있죠. 허물이 없으면 1령 애벌레, 허물이 한 개면 2령 애벌레, 허물이 두 개면 3령 애벌레, 허물이 세 개면 4령 애벌레. 허물이 네 개면 5령 애벌레예요. 이 허물은 배 끝에 있는 항문 돌기에 매달려 있습니다. 이 허물을 떼어 보려고 살살 당겨 봤어요. 그런데 잘 떨어지지 않네요.

겁주는 허물 가면

놀랍게도 등에 얹은 이 허물은 자기 몸을 가리기도 하고 자기 몸을 지키는 무기도 돼요. 천적이 다가오면 등에 얹은 허물이 벌떡 일어섭니다. 깜짝 놀란 천적이 물러가면 허물을 다시 등 위에 얌전히 올려놓지요. 천적이 다시 잡아먹으려 하면 '나 무섭지? 가까이 오지 마!' 하며 또 번쩍 허물을 세우고서는 앞뒤로 흔들며 을러댑니다.

남생이잎벌레 애벌레는 자기 몸을 지켜줄 독이 없어요. 애벌레다 보니 빠르게 움직이지도 못하죠. 그러니 천적을 만나면 도망은커녕 꼼짝없이 당해야 합니다. 등에 얹은 이 '허물 탈'은 이렇게 힘없는 애벌레가 스스로를 지키는 소중한 무기가 되기도 합니다.

남생이잎벌레 애벌레는 자기가 싼 똥이나 허물을 등에 짊어지고 다니면서 몸을 숨긴다.

남생이잎벌레 무리

남생이잎벌레 무리는 딱지날개가 옆으로 널찍하게 늘어나 있어요. 그리고 가장자리가 투명하게 보이는 종이 많지요. 다른 잎벌레들처럼 저마다 좋아하는 잎을 먹습니다. 남생이잎벌레는 명아주 잎을 갉아 먹고, 루이스큰남생이잎벌레는 물푸레나무나 쥐똥나무 잎을 갉아 먹어요. 큰남생이잎벌레는 작살나무나 좀작살나무 잎을 좋아하고, 모시금자라남생이잎벌레는 메꽃이나 방아풀 같은 잎을 갉아 먹죠. 애벌레들은 자기 몸을 숨기려고 자기가 싼 똥이나 허물을 짊어지고 삽니다.

루이스큰남생이잎벌레
몸길이 5~7mm

곱추남생이잎벌레
몸길이 4~6mm

애남생이잎벌레
몸길이 5~6mm

큰남생이잎벌레
몸길이 7~9mm

청남생이잎벌레
몸길이 7~9mm

모시금자라남생이잎벌레
몸길이 6~7mm

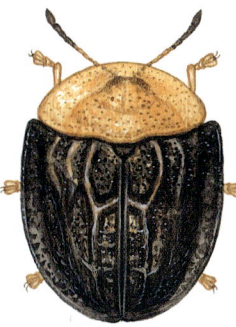
노랑가슴남생이잎벌레
몸길이 6mm 안팎

남생이잎벌레붙이
몸길이 5mm 안팎

적갈색남생이잎벌레
몸길이 5~6mm

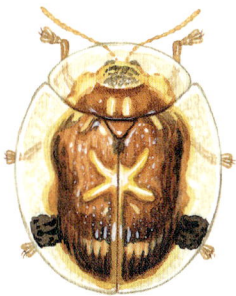
엑스자남생이잎벌레
몸길이 5~6mm

알을 거품 속에 낳는
왕사마귀

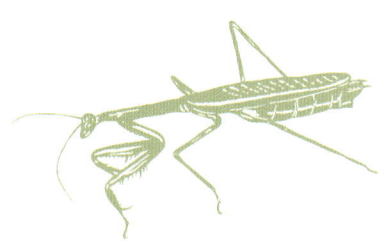

가을입니다. 선선한 바람이 살갗을 기분 좋게 간질입니다. 들판에는 깃동잠자리가 날고, 풀밭에서는 메뚜기가 툭툭 튀고, 열매 위에서는 노린재들이 다소곳이 앉아 있어요. 어느새 어른이 된 왕사마귀도 뚱뚱한 배를 불룩불룩하면서 널따란 잎사귀 위에 앉아 먹잇감을 기다리고 있네요. 왕사마귀는 먹이를 호들갑스럽게 쫓아다니며 사냥하는 법이 없어요. 느긋하게 먹잇감이 지나다니는 길목에 앉아 기다리죠. 알을 낳기 전에 몸속에 영양분을 충분히 쌓아 두어야 하니 눈에 불을 켜고 곤충들이 지나다니는 길목을 지켜요.

잠자리와 사마귀의 대결

여름날 뜨거운 햇살을 피해 나무 그늘 아래에서 잠시 쉬는데, 바로 옆에서 '푸더더덕' 하고 요란한 소리가 났습니다. '무슨 소리일까?' 둘레를 둘러보는데 세상에! 사마귀가 밀잠자리를 잡아먹고 있어요. 그것도 아기 사마귀가 하늘을 날아다니는 이름난 사냥꾼이자 날랜 수컷 잠자리를 잡아먹다니요.

왕사마귀가 날개를 펴고 위협을 하고 있다.

알을 거품 속에 낳는 왕사마귀 • 57

사마귀가 낫처럼 무시무시하게 생긴 앞다리로 잠자리를 낚아챘습니다. 밀잠자리는 날카로운 사마귀 앞다리에서 벗어나려고 날개를 퍼덕이며 몸부림을 치네요. 날갯짓이 얼마나 세찬지 사마귀가 몸통을 꽉 쥐고 있지만 편히 먹지를 못합니다. 사마귀가 밀잠자리를 움켜쥔 앞다리를 앞으로 쭉 펼칩니다. 그러자 밀잠자리 날갯짓이 잦아듭니다. 사마귀는 이때를 안 놓치고 잽싸게 앞다리를 다시 끌어당겨서 밀잠자리 머리를 먹으려고 깨뭅니다. 그러자 밀잠자리가 또 날갯짓하며 사마귀 앞다리에서 빠져나가려 죽을힘을 다해 발버둥을 쳐요. 이렇게 사마귀는 앞다리를 당겼다 폈다 하고, 밀잠자리는 발버둥을 쳤다 그쳤다 하며 실랑이를 벌입니다.

한참 뒤에 세차게 퍼덕이던 밀잠자리가 어느새 힘이 빠져 늘어졌네요. 사마귀와 싸움을 벌이다 그만 눈을 다쳤군요. 이제 사마귀가 밀잠자리를 마음껏 뜯어 먹기 시작해요. 사마귀는 겹눈부터 파먹기 시작하더니 가슴까지 게걸스럽게 먹어 치웁니다. 가슴은 다리와 날개가 붙어 있기 때문에 운동 근육이 엄청 발달해서 먹을 게 많습니다. 이어서 살이 없는 다리와 날개는 뚝뚝 떼어 버리고 배까지 먹어 치우네요. 밀잠자리로 배를 채운 사마귀는 느긋하게 주둥이로 더듬이와 앞다리를 깨끗이 닦아 냅니다.

사마귀는 생김새부터 타고난 사냥꾼이에요. 날개를 쉬익 펼치면서 세모난 얼굴을 휙 돌려 커다란 눈으로 노려보면 소스라치게 무섭습니다. 더구나 사람으로 치면 종아리인 앞다리 종아리마디는 넓적하고 날카로운 낫처럼 생겨서 소름이 돋을 만큼 무시무시하죠. 다리 가장자리에는 뾰족하고 날카로운 가시까지 쭈르륵 붙어 있어요. 손이 닿기만 해도 긁혀서 피가 날 것 같네요. 큰턱은 아주 튼튼해서 어떤 먹잇감도 와작와작 씹어 먹을 수 있습니다.

왕사마귀 애벌레가 허물을 벗고 있다.

왕사마귀 짝짓기

그러는 사이 가을이 찾아와 드디어 아기 사마귀가 어른이 되었어요. 몸집이 크고 배가 불룩한 것을 보니 암컷이네요. 얼마나 배가 부른지 여섯 다리로 걸어 다닐 때마다 배가 땅에 질질 끌립니다. 수컷은 배가 뚱뚱하지 않고 날씬하지요. 이제부터 어른 왕사마귀는 날마다 사냥을 해서 배불리 먹어 몸에 영양분을 쌓아요. 수컷은 짝짓기를 해서 건강한 유전자를 넘겨줘야 하고, 암컷은 건강한 알을 낳아야 하니 하루 종일 줄기차게 먹는답니다.

마침 꽃 위에 앉아 먹잇감을 기다리는 암컷 곁에 수컷이 포르르 날아왔습니다. 더듬이를 휘휘 저으며 암컷 둘레를 맴도네요. 그러더니 암컷 등 위로 슬금슬금 기어 올라가요. 암컷도 수컷이 마음에 드는지 고분고분 짝짓기를 받아들입니다.

거품 속에 낳는 알

짝짓기를 마친 암컷 왕사마귀는 알 낳기 좋은 곳을 찾아다닙니다. 천적 눈에 잘 안 띄고, 눈보라가 쳐도 끄떡없는 곳을 찾아야 해요. 암컷 왕사마귀가 가장 좋아하는 곳은 풀 줄기나 커다란 돌멩이, 바위, 나무 줄기 같은 곳이에요. 무거운 배를 질질 끌며 나무줄기를 오르락내리락 하더니 드디어 자리를 잡고 알을 낳기 시작합니다.

암컷은 다리 여섯 개로 나뭇가지를 꼭 붙잡고서 배 꽁무니를 천천히

사마귀 짝짓기
수컷이 암컷 등에 올라가 짝짓기를 한다.

움찔거리며 좌우로 실룩실룩 움직여요. 살살 움직일 때마다 배 꽁무니에서 비누 거품 같은 거품 덩어리가 뽀글뽀글 나오네요. 이 거품은 엄마가 알을 낳을 때 알이 나오는 길에서 나옵니다. 엄마 사마귀는 그 거품 속에다 알을 정성스럽게 하나하나 가지런히 낳아요. 거품 덩어리는 알집 노릇을 합니다. 알집은 길쭉하게 생겼는데, 처음에는 부드러워요. 거품 같은 알집은 시간이 지날수록 공기와 닿아 단단하게 굳지요.

하지만 안은 푹신푹신해서 알을 감싸 주어요. 한 시간쯤 엄마 왕사마귀가 거품 속에 낳은 알은 200개쯤 됩니다.

알 낳은 엄마 사마귀는 금방 죽을까요? 아니에요. 어떤 때는 세 번까지 알을 낳아요. 엄마는 한 번 알을 낳고 기운이 다 빠지자 메뚜기를 잡아먹고 또다시 힘을 내 알을 낳았어요. 아무래도 힘이 빠져서인지 두 번째와 세 번째 알집은 첫 번째 알집보다 작네요. 알을 다 낳은 뒤에는 겨우겨우 버티다 서서히 죽어갑니다.

알을 지켜 주는 알집

거품 덩어리 알집은 무슨 일을 할까요? 추운 겨울 내내 알이 얼지 않게 해 줍니다. 또한 습기가 차서 알이 썩지 않도록 하고, 천적이 알을 먹지 못하도록 어느 정도 막아서 알을 지켜 주지요. 엄마 왕사마귀는 알만 낳고 죽으니 자식을 돌볼 수가 없어요. 더구나 가을에 낳은 알은 추운 겨울을 견뎌야 해요. 또 겨울이면 먹이가 모자란 새들이 왕사마귀 알집을 노립니다. 엄마 왕사마귀는 험난한 세상에 알을 낳고 죽을 수밖에 없어요. 자식을 위해 할 수 있는 일이라고는 오로지 추운 겨울 동안 얼지 않게 푹신한 알집 속에 알을 낳는 일뿐이지요. 자식들이 아무 탈 없이 태어나기를 바라며 알 낳는 왕사마귀를 보니 하도 기특해서 나도 모르게 '엄마 왕사마귀 만세!'라고 외쳤습니다.

사마귀는 거품 속에 알을 정성스럽게 낳는다.
거품은 시나브로 단단하게 굳는다.

털 이불을 덮어 주는
매미나방

　5월은 풀빛 계절이랍니다. 이맘때면 봄 곤충이 쏟아져 나와 오솔길이 떠들썩합니다. 나방 애벌레, 꽃하늘소, 꽃등에, 아기 메뚜기, 잎벌레 같은 곤충들이 죄다 나와 곤충 반상회를 엽니다. 오늘따라 아기 매미나방 애벌레가 눈에 많이 띄네요. 몇 걸음 걸어가면 만나고, 또 몇 걸음 걸어가면 만납니다. 갈참나무 잎, 산딸기나무 잎 같은 나뭇잎마다 앉아 있어요.

알에서 깨어난 아기 매미나방 애벌레

　벚꽃이 흐드러지게 피는 4월이면 매서운 겨울을 무사히 넘긴 매미나방 알집에서 아기 매미나방 애벌레들이 한 마리, 두 마리, 세 마리 줄줄이 꼬물꼬물 기어 나옵니다. 이렇게 모두 백 마리도 넘는 새까만 애벌레들이 솜뭉치 같은 알집에서 한꺼번에 쏟아져 나왔네요. 애벌레들은 흩어지지 않고 푹신한 알집 위에 모인 다음 약속이나 한 듯이 잎사귀 식당을 찾아 줄기를 타고 기어갑니다. 잎에 도착하자마자 누가 먼저랄 것도 없이 잎을 아작아작 씹어 먹어요. 다 먹으면 옆 잎사귀로 모두 옮겨 가 또 잎사귀 밥을 먹습니다. 그러다 몸집이 커지면 뿔뿔이 흩어져 홀로 살면서 저마다 잎을 하나씩 차지하고 나뭇잎을 먹지요. 몸이 커지면 잎을 많이 먹어야 하니 옆에 있는 애벌레와 싸울 수도 있어요. 그러니 이때는 붙어 사는 것보다 차라리 떨어져 산답니다. 그러면 잎을 두고 서로 다툴 일도 없고, 혼자서 더 많이 먹을 수 있어서 더 좋지요.

홀로 살게 된 아기 매미나방 애벌레는 닥치는 대로 잎사귀를 먹으며 몸을 불립니다. 몸이 커지면 허물을 벗고, 또 먹다가 몸이 커지면 허물을 벗지요. 수컷 매미나방 애벌레는 허물을 모두 네 번 벗고, 암컷은 다섯 번 허물을 벗어야 다 자란 종령 애벌레가 됩니다.

그런데 재미있게도 애벌레는 허물을 벗을 때마다 몸 색깔이 살짝 바뀌어요. 1령과 2령 애벌레는 거의 까맣고, 3령 애벌레는 온몸이 까만데, 등에 주황색 점과 하얀 점이 찍혀 있어요. 4령 애벌레는 온몸이 주황색인데, 등에 빨간 점과 파란 점이 찍혀 있죠. 다 자란 5령 애벌레는 온몸이 짙은 잿빛인데 등에 파란 점과 빨간 점이 찍혀 있습니다. 하지만 몸 색깔은 달라도 모두 무시무시하게 생긴 털 뭉치가 나 있습니다.

매미나방 2령 애벌레

아무거나 잘 먹는 매미나방 애벌레

아기 매미나방이 먹는 밥은 식물 잎사귀예요. 먹성이 얼마나 좋은지 잎이란 잎은 가리지 않고 다 먹어 치워요. 떡갈나무, 무궁화, 벚나무, 뽕나무, 버드나무 잎은 물론이고 심지어 소나무와 낙엽송 같은 바늘잎나무 잎까지도 먹지요. 애벌레가 먹는 나무 종류가 100종이 넘는다고 하니 먹성 좋은 걸로 따지면 그 어떤 곤충도 따를 자가 없습니다.

매미나방이 원래 살던 고향은 유럽과 아시아입니다. 아무것이나 잘 먹고, 아무 곳에서나 잘 살고, 알도 많이 낳아서 점점 여러 곳으로 퍼져 나갔어요. 그래서 지금은 북미, 온 유럽, 남아프리카, 아시아, 우리나라 같은 세계 거의 모든 곳에서 삽니다.

매미나방은 수컷이 암컷을 찾아 이리저리 떠돌아다니는 모습이 꼭 집시를 닮았다고, 또 날개를 삼각형으로 접고 앉아 있는 폼이 집시가 입는 치마와 비슷하다고 '집시나방'이라는 별명이 붙었어요.

잎을 얼기설기 엮어 만든 고치

무더운 7월이면 아기 매미나방 애벌레는 다 자라 종령 애벌레가 됩니다. 이때가 되면 먹는 일을 멈추고 번데기를 만들 곳을 찾아요. 알맞은 곳을 찾으면 잎사귀 몇 개를 끌어다 고치를 만들죠. 그런데 고치 만드는 솜씨가 영 어설프군요. 입에서 명주실을 토해 잎사귀 몇 장를 끌어다 서로 얼기설기 엮으면 고치가 완성돼요. 애벌레 덩치가 커서 명주실이 엄청나게 많이 나올 것 같지만 다 지은 고치를 보면 잎사귀가 거의 대부분이고 명주실은 얼마 안 돼요. 엉성한 고치라도 번데기만 잘 지켜 주면 되니 별문제 없어요. 애벌레는 고치 속에서 이틀쯤 쉬다가 애벌레 때 입던 털옷을 벗고 번데기로 탈바꿈합니다. 번데기가 된 지 두 주쯤 지나 7월 말이 되면 어른벌레로 날개돋이 합니다.

매미나방은 한 해에 한살이가 한 번 돌아갑니다. 따져 보니 지난해 여름에 난 알에서 이번 여름에 어른벌레가 되기까지 거의 11달이나 걸립니다. 사람들이 해충 딱지를 붙이든 말든, 오랜 세월을 용케 잘 버티고 어른벌레로 날개돋이 한 매미나방에게 응원에 박수를 보냅니다.

주둥이가 없는 어미 매미나방

어른 매미나방은 무엇을 먹고 살까요? 아무것도 안 먹어요. 주둥이가 없어졌거든요. 나비목 어른벌레들은 대부분 빨대처럼 생긴 주둥이를 가지고 있는데 매미나방에게는 빨대 주둥이가 없습니다. 그래도 애벌레 때 몸에 쌓아 둔 영양분으로 버틸 수 있어서 알 낳는 데는 큰 어려움이 없어요. 암컷이 할 일은 오직 수컷과 짝짓기 한 뒤에 알을 낳는 일이에요. 오래 살지 못하는 어른벌레들은 여름이 가장 바쁩니다.

후덥지근한 바람이 부는 여름날에 암컷과 수컷이 짝짓기를 하고 있네요. 그런데 암컷과 수컷은 몸 색깔이 서로 달라요. 암컷 날개는 허연색 바탕에 까만 무늬가 그려져 있는데, 수컷 날개는 거무스름합니다. 또 암컷 더듬이는 실처럼 가느다란데, 수컷 더듬이는 커다란 빗살처럼 갈라졌지요.

알에 털 이불을 덮어 주는 어미 매미나방

짝짓기를 마친 암컷은 알 낳을 곳을 찾아다녀요. 그런데 알 낳을 곳을 까다롭게 고르지 않지요. 참나무나 벚나무, 전봇대, 가로등을 가리지 않고 아무 곳에나 낳습니다. 운이 좋으면 어미 매미나방이 알 낳는 것을 구경할 수 있습니다.

마침 엄마 매미나방이 소나무 줄기에 알을 낳고 있군요. 날개에 가려 겉으로는 다 보이지 않지만 배 꽁무니가 실룩실룩 움직이네요. 어미는 배 끝을 꿈틀꿈틀 움직이면서 알을 하나씩 낳습니다.

매미나방 암컷
날개 편 길이 41~54mm

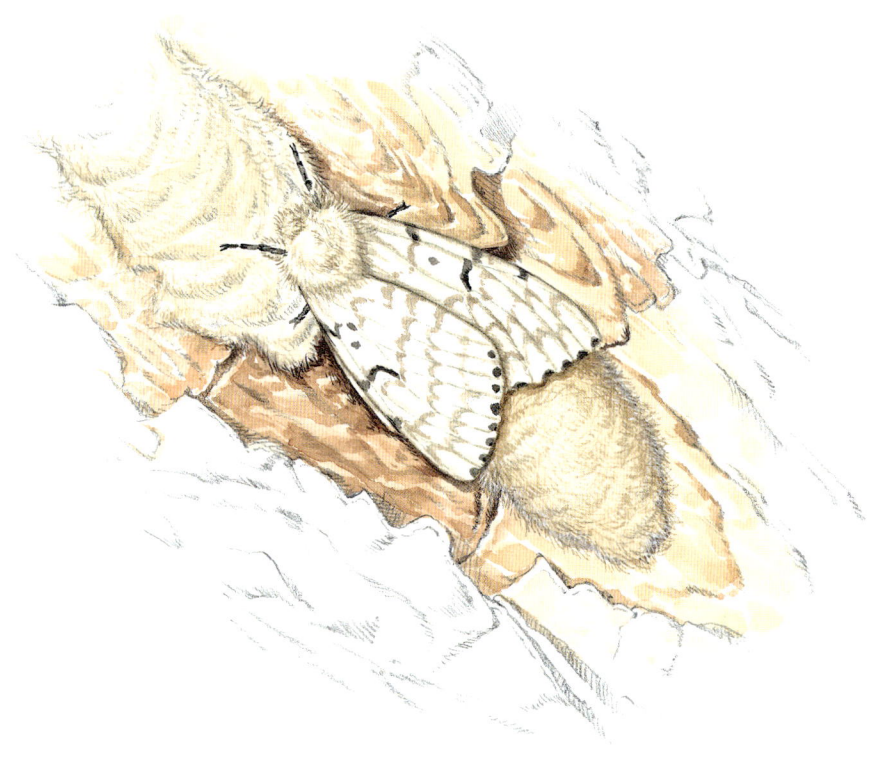

매미나방이 알을 낳고 털 이불을 덮어 주고 있다.

그런데 이게 웬일인가요! 알을 낳자마자 배에 붙은 털로 알을 덮어 주네요. 알 하나를 낳고 털 이불을 덮어 주고, 또 알 하나를 낳고 털 이불을 덮어 주어요. 이렇게 똑같은 동작을 되풀이하면서 알을 300개나 낳습니다. 알이 나올 때 끈끈한 물도 같이 나와서 털이 알에 잘 달라붙지요. 드디어 수백 개 알이 모인 알 주머니가 생겼어요. 알 주머니에는 누르스름한 솜털들이 물샐틈없이 붙어 있어서 마치 폭신폭신한 스펀지 같답니다. 손으로 살살 만져 보니 참 보송보송하고 부드럽습니다. 미안하지만 털 뭉치를 살살 들추니 털 틈으로 동그란 알들이 잔뜩 보이네요.

알에 털 이불을 덮는 것은 엄마 매미나방이 죽기 전에 자식에게 베푸는 마지막 보살핌이에요. 그 덕분에 알은 칼바람 부는 겨울에도 얼지 않고, 새들에게도 덜 잡아먹히죠.

엄마 매미나방은 죽을 때까지 알 주머니를 3~4개 만듭니다. 가장 먼저 낳은 알 주머니가 가장 크고, 두 번째, 세 번째, 네 번째 알 주머니로 갈수록 작아져요. 엄마가 낳는 알 수는 적게는 300개, 많게는 1000개나 되니 다산 왕입니다. 알을 다 낳은 엄마는 서서히 힘을 잃고 죽어 갑니다.

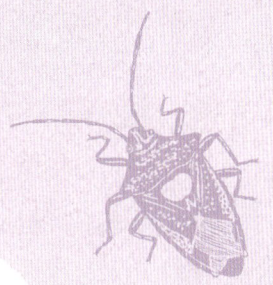

애벌레 먹이를 마련하는 곤충

거미를 잡는
대모벌

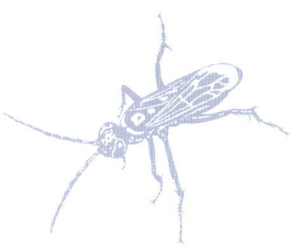

8월에 이글거리는 햇볕이 바닷가 모래 언덕을 뜨겁게 달궈요. 더위를 식히려고 해송 숲 그늘 속으로 들어왔어요. 잠시 앉아 숨을 고르는데 대모벌이 날렵하게 해당화 둘레를 왔다 갔다 합니다. 날았다가 모래밭에 앉고, 낮게 날았다가 앉고, 부산스럽기 짝이 없습니다. 혹시라도 벌에 쏘일까 봐 잔뜩 마음을 졸이며 대모벌을 지켜봤어요.

낯선 이름 대모벌

거미는 곤충만 보면 잡아먹으려 덤벼들어요. 거미가 가장 좋아하는 밥이 곤충이거든요. 거미가 잡아먹는 먹잇감 가운데 곤충들이 거의 80퍼센트를 차지해요. 그래서 곤충들은 천적인 거미만 보면 무서워 벌벌 떨지요. 거미가 가진 가장 무서운 무기인 독니에 한 번이라도 찔리면

어지간해서는 살아남기 힘들거든요. 그런 거미를 잡아먹는 무서운 곤충이 바로 대모벌이에요.

대모벌은 벌목 가문 식구입니다. 벌들은 거의 모두 독침을 가지고 있어요. 대부분 육식성이라 힘없는 동물이나 곤충을 잡아먹고 살아요. 그 가운데 대모벌은 곤충 천적인 거미만 기막히게 골라 날쌔게 사냥하는 거미 사냥꾼이지요. 서양에서는 거미를 사냥한다 해서 '스파이더 와습(거미벌, spider wasp)'이라고 합니다.

대모벌은 몸집이 꽤 큽니다. 몸길이가 15~27밀리미터입니다. 몸집이 크니 대모벌이 '붕' 소리를 내며 떴다 하면 풀숲이 술렁입니다. 온몸은 까만데 머리와 더듬이, 앞날개, 다리 일부분이 노란색이어서 알록달록해요. 더듬이는 암컷과 수컷이 좀 다릅니다. 암컷은 12마디로 꼬

대모벌
몸길이 22~25mm

여 있고, 수컷은 13마디로 좀 더 길고 직선으로 시원하게 쭉 뻗지요. 겹눈은 선글라스를 낀 것처럼 툭 불거져 나왔습니다. 다리는 사냥꾼답게 길고 날쌔게 생겼어요. 특히 뒷다리 종아리마디에는 가시털이 쭈르륵 붙어 있답니다. 긁히면 피가 날 것 같아요.

거미 잡는 대모벌

곤충이 사는 곳에는 늘 거미가 함께 삽니다. 곤충은 거미에게 밥이니까요. 어떻게 아는지 몰라도 거미들은 곤충이 드나드는 길목에 어김없이 거미줄을 쳐 놓습니다. 다른 곤충들은 이 거미줄을 피해 다니기 바쁘지만, 대모벌은 거미줄을 보고 날아와 기웃거려요. 놀랍게도 대모벌은 거미줄을 용케도 잘 피하면서 둘레만 아슬아슬하게 왔다 갔다 하지요. 자세히 보니 거미줄이 이어진 나뭇잎 뒤에 왕거미가 숨어 있군요. 대모벌은 왕거미가 나뭇잎 밖으로 나오길 기다리고 또 기다려요. 그것을 아는지 모르는지 왕거미는 좀처럼 나오지 않네요. 기다림에 지쳤는지 대모벌이 나뭇잎 둘레를 붕붕 위협적으로 날아다니며 왕거미가 나오도록 여기저기를 들쑤십니다. 그러자 왕거미가 나뭇잎 밖으로 모습을 드러내더니 곧장 거미줄을 타고 맞은편 나뭇잎 속으로 쏙 들어갔어요. 약이 바짝 오른 대모벌은 이러지도 저러지도 못하고 거미줄 둘레만 날아다닙니다.

그러기를 한참이 지나자 드디어 나뭇잎 밖으로 거미가 슬며시 나왔습니다. 이때를 놓치지 않고 대모벌은 바람처럼 날아가 거미 위에 올라타 거미 머리가슴 쪽을 꽉 깨물었어요. 그런 뒤 독침을 거미 몸속에 거침없이 꽂아 넣어 마취를 시킵니다. 너무 눈 깜짝할 사이에 벌어진 일이라 거미는 몸부림 한번 제대로 못 치고 맥없이 땅바닥으로 뚝 떨어집니다. 대모벌에게 잡힌 불쌍한 거미! 자세히 보니 대모벌보다 몸집이 더 큰 적갈어리왕거미로군요. 독침을 맞은 거미는 다리 8개가 갈수록 축 늘어집니다.

대모벌이 자기 몸집보다 더 큰 거미를 잡았다.

거미를 끌고 가는 어미 대모벌

거미가 정신을 잃자, 대모벌이 바빠집니다. 재빠르게 적갈어리왕거미에게 다가와 주둥이로 가슴을 꽉 물어요. 그러고는 날개를 펼치고 윙 날아가네요. 그런데 거미가 무거운지 그만 거미를 놓쳐 땅에 뚝 떨어뜨렸어요. 대모벌은 서둘러 땅바닥 둘레를 낮게 날아다니며 이리저리 거미를 찾네요. 거미를 다시 찾은 대모벌은 이번에는 날지 않고 거미를 주둥이로 꽉 물고서 끌고 갑니다. 제 몸보다 큰 거미를 뒷걸음치며 질질 끌고 가요. 머리는 앞으로 향한 채 뒷걸음질 치니 군데군데 난 풀 줄기에 걸리고 돌부리에 부딪쳐요. 그래도 포기하지 않고 굳세게 거미를 끌고 갑니다.

거미를 땅에 묻는 대모벌

대모벌이 거미를 끌고 온 곳은 모래밭이에요. 뒷걸음치던 대모벌이 가던 길을 멈추더니 거미를 땅에 내려놓고는 갑자기 어디론지 날아가 버리네요. 땅바닥에 덩그러니 혼자 남겨진 거미는 정신을 못 차린 채 배를 하늘로 향하고 발라당 누워 있어요. 풀 줄기로 살살 건드려 보니 꿈틀꿈틀 합니다. 마취만 되었을 뿐 죽지는 않았어요.

이윽고 사라졌던 대모벌이 날아왔어요. 다시 적갈어리왕거미를 꼭 붙잡고 뒷걸음치며 끌고 갑니다. 이렇게 한참을 끌고 간 대모벌은 모래밭에 미리 파 놓은 땅굴에 다다릅니다. 그러더니 거미를 땅굴 속으로 끌고 들어가 배 꽁무니를 거미 몸에 대고 알을 낳네요. 알은 쌀처럼 타원형으로 생겼어요. 대모벌은 알을 낳은 뒤 땅굴 밖으로 빠져 나옵니다. 그러고는 앞다리로 모래를 끌어다 땅굴 입구를 막습니다. 땅굴을 감쪽같이 막은 엄마 대모벌은 또 알을 낳기 위해 다른 거미를 사냥하러 다른 곳으로 붕 날아갔어요.

거미는 애벌레 밥

시간이 지나면 알에서 대모벌 애벌레가 깨어납니다. 애벌레는 적갈어리왕거미를 먹고 무럭무럭 자라죠. 대모벌 애벌레는 입맛이 까다로워서 살아 있는 거미만 먹습니다. 그래서 엄마 대모벌은 거미에게 독주사를 놓아 마취만 시킵니다. 알에서 깨어난 자그마한 애벌레가 몸집이 크고 사나운 거미를 먹는 것은 위험한 일이에요. 만일 마취 주사 솜씨가 서툴러서 신경을 제대로 마비시키지 않으면 거미가 깨어나 대모벌 애벌레를 잡아먹을 수도 있습니다. 엄마 대모벌은 알을 낳고 죽기 때문에, 엄마가 없어도 애벌레가 아무 걱정 없이 배부르게 먹으라고 미리 거미를 잡아 밥상을 차려 줍니다. 게다가 안전한 땅속 굴에다 알을 낳기 때문에 애벌레가 더 많이 살아남을 수 있지요. 우리가 자그마한 벌레라고 얕보지만 엄마 대모벌이 자식을 위하는 마음은 하늘만큼 높기만 합니다. 애벌레는 여러 번 허물을 벗고 자라다 번데기가 되고, 이듬해 7월과 8월쯤에 번데기에서 어른벌레로 날개돋이 합니다.

땅굴 파기 재주꾼
나나니

　6월에 강릉 바닷가 모래 언덕에 왔어요. 한낮이 되자 뜨거운 햇볕이 쨍쨍 모래밭 위에 쏟아지네요. 바닷바람을 맞으며 곤충을 보러 여기저기를 둘러봅니다. 순비기나무 사이로 몸이 늘씬하고 가녀린 벌이 두리번두리번 왔다 갔다 하네요. 허리가 실처럼 가늘고 빨간 것을 보니 나나니군요. 나나니는 몸집이 커요. 암컷 몸길이는 20~25밀리미터이고, 수컷 몸길이는 18~20밀리미터로 암컷보다 조금 작지요. 온몸은 까만데, 날개는 속이 비치는 밤색이고 허리처럼 잘록한 배자루는 불그스름합니다. 나나니는 5월부터 10월까지 마음만 먹으면 만날 수 있어요.

제멋대로 짝짓기 하는 수컷

　날이 맑은 오전, 해가 뜨기가 무섭게 나나니 암컷이 모래밭을 날아다

나나니
몸길이 수컷 18~20mm, 암컷 20~25mm

나나니 짝짓기
수컷이 암컷 등에 올라가
짝짓기를 하고 있다.

니며 땅굴 팔 자리를 찾아요. 바닥에 앉아서 더듬이를 땅에 대고, 자그만 돌멩이를 건드려 보다 마음에 안 드는지 훌쩍 날아가네요. 또다시 땅으로 내려와 종종종 걸어 다니며 꼼꼼하고 까다롭게 마음에 드는 곳을 고릅니다.

바로 그때 어디선가 수컷 나나니가 날아와 암컷에게 다짜고짜 달려들었어요. 암컷이 깜짝 놀라 포르르 날아가니 수컷도 쌩 날아가네요. 잠시 뒤 암컷이 다시 땅으로 내려오자 어디서 나타났는지 수컷도 날아와 암컷을 끈덕지게 따라다닙니다. 귀찮게 달라붙더니 암컷 목덜미를 큰턱으로 꽉 무네요. 마침내 수컷을 뿌리치지 못한 암컷은 마지못해 짝짓기를 받아들입니다. 자세히 보려고 가까이 다가가니 놀란 암컷이 재빠르게 순비기나무 가지 위로 기어서 도망치네요. 수컷은 암컷 등에 업힌 채 등에서 떨어지지 않으려고 안간힘을 써요.

땅굴 파는 암컷 나나니

짝짓기가 끝나자마자 수컷은 다른 곳으로 훌쩍 날아갔어요. 혼자 남은 암컷은 땅굴을 파려고 미리 봐 두었던 땅으로 다시 내려오네요. 땅굴을 파려는 흙은 물이 잘 빠져 포슬포슬하고 부드러워요. 마음이 급한 암컷은 서둘러 땅을 파기 시작합니다. 오전에 땅굴을 파기 시작해야 점심때부터는 느긋하게 사냥을 할 수 있거든요. 암컷 나나니는 눈에 안 보일 만큼 다리를 빠르게 움직여 구멍을 만들어요. 구멍에서 파낸 흙 알갱이는 주둥이로 물고 날아올라 저만치에 버리네요. 그리고 다시 돌아와 쉴 새 없이 다리를 움직여 구멍을 줄곧 뚫고서는 구멍 속에서 나온 흙을 물어다 또 멀리 내다 버립니다. 흙먼지를 뒤집어쓰고 구멍을 들락거리는 나나니는 마치 굴을 파는 광부 같네요. 이렇게 열심히 굴을 파다가도 누군가 나타나 굴 파는 일을 방해하면 나나니 암컷은 땅굴 파는 일을 그만두고 미련 없이 떠납니다.

얼마 뒤 땅굴을 다 파자 나나니는 서둘러 땅굴 옆에 있는 작은 돌멩이로 구멍을 감쪽같이 막아 버려요. 아무런 표시를 해 놓지 않으면 땅굴이 어디에 있는지 도무지 찾을 수가 없겠어요. 하지만 나나니는 멀리 날아갔다 되돌아와도 귀신처럼 굴을 찾아냅니다.

사냥을 떠나는 엄마 나나니

열심히 땅굴을 판 엄마 나나니가 이제 사냥을 떠나요. '쌩' 날아서 들판을 헤매며 나비나 나방 애벌레를 찾아다니죠. 풀이 자라는 땅바닥을 더듬이로 툭툭 건드려 보고, 풀잎 위에 앉아 보고 혹시나 사냥감이 없나 눈을 부릅떠요. 그렇게 얼마를 헤맸을까. 엄마 나나니가 뭔가를 보고 흠칫 놀라네요. 아! 나방 애벌레를 찾은 거였군요.

엄마 나나니가 더듬이를 휘휘 저으며 득달같이 애벌레를 덮치자 본능적으로 애벌레는 움츠리며 몸에 힘을 주네요. 엄마 나나니와 애벌레가 한데 뒤엉켜 엎치락뒤치락 한바탕 소동이 일어나요. 날렵한 사냥꾼

나나니가 나방 애벌레를 잡아 집으로 끌고 오고 있다.

인 엄마 나나니는 서둘러 배 꽁무니를 애벌레 몸에 대고 독침을 사정없이 푹푹 찌릅니다. 나나니는 허리가 아주 잘록하고 부드러워서 독침이 있는 배 꽁무니를 이리저리 마음껏 움직일 수 있습니다. 몸부림치던 애벌레가 잠잠해지자 그제야 엄마 나나니는 한숨 돌려요. 독침을 맞은 나방 애벌레는 이제 신경이 마비되어 꼼짝 못 하고 누워 있네요. 엄마 나나니는 이제 제 몸보다 큰 사냥감을 어떻게 옮길까요?

애벌레를 옮기는 엄마 나나니

엄마 나나니는 잡은 나방 애벌레를 큰턱으로 꽉 물어요. 그리고 날아 보려고 애쓰는데 나방 애벌레가 너무 무거워서 끌어안고 날아오를 수 없네요. 하는 수 없이 주둥이로 물고서는 나방 애벌레를 질질 끌고 걸어갑니다. 앞으로 가다 벅차면 뒷걸음질 치며 부지런히 걸어요. 한참 뒤에 드디어 미리 파 두었던 땅굴 앞까지 왔네요. 표시를 해 두지 않으면 아무도 찾지 못할 땅굴을 정확히 찾아내는 엄마 나나니가 마냥 신기합니다. 엄마 나나니는 나방 애벌레를 땅굴 옆에 내려놓더니, 덮어 놓았던 돌멩이를 젖히고 땅굴 속으로 들어갑니다. 사냥하러 나간 사이에 혹시나 무슨 일이 생겼는지 살피는 거지요.

굴속을 살펴보고 마음이 놓인 암컷은 바닥에 누워 있는 나방 애벌레를 끌고 땅굴 속으로 들어갑니다. 그리고는 나방 애벌레 위에 알을 낳은 뒤 빠져나오죠. 그리고는 '지~ 지~ 지~' 소리를 내며 둘레에 있는 흙 알갱이를 물어다 땅굴 입구를 꽉 틀어막습니다. 그렇게 꽉 막아 놓아야 천적들이 땅굴 속에 있는 나나니 애벌레를 찾아내지 못하거든요.

땅속에 넣어 둔 나방 애벌레가 혹시 썩지는 않을까요? 아닙니다. 엄마 나나니가 사냥할 때 신경만 마비시키는 독침을 놓았기 때문에 사냥감은 죽지 않고 살아있습니다. 나나니 애벌레는 입맛이 까다로워서 썩지 않은 신선한 고기만 먹지요. 그것도 다른 곤충은 안 먹고 오로지 나비나 나방 애벌레만 먹어요.

알에서 깨어난 아기 나나니 애벌레는 엄마가 잡아온 마취된 나방 애벌레를 야금야금 먹으면서 자랍니다. 깜깜한 땅굴 속에서 밖으로 한 번도 안 나가고 애벌레, 번데기 시절을 보내요. 그리고 어른벌레로 날개돋이 한 뒤에야 땅굴을 벗어나 밖으로 나옵니다.

엄마나 아빠가 알을 돌보는 곤충

자식을 끔찍이 돌보는
에사키뿔노린재

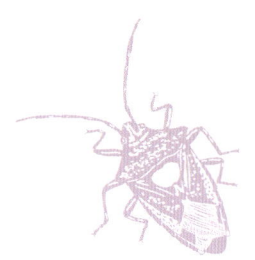

여름 들머리에 살랑살랑 바람이 부니 풀잎과 나뭇잎이 덩달아 까닥까닥 춤을 춥니다. 층층나무 잎 위에 어여쁜 노린재가 앉아 있어 반갑게 눈인사를 나눠요. 어떤 노린재인가 가까이 들여다봤어요. 아, 등에 하트처럼 생긴 노란 무늬가 나 있네요. 바로 에사키뿔노린재랍니다.

이름은 어렵지만 예쁜 에사키뿔노린재

에사키뿔노린재는 이름이 퍽 어려워요. 그건 온 세상 사람들이 함께 알 수 있도록 지은 이름인 학명에 낯선 일본 사람 이름이 들어갔기 때문이지요. 하지만 생김새를 보면 한눈에 알아볼 수 있답니다. 등에 하트처럼 생긴 무늬가 나 있기 때문이지요. 암컷 등에 난 하트 무늬는 노르스름한 하얀색이에요.

에사키뿔노린재는 노린재목 가문 식구라 뾰족한 주둥이를 가지고 있어요. 에사키뿔노린재는 식물만 먹는 초식성 곤충입니다. 잎사귀나 줄기에 침 주둥이를 꽂고 식물 즙을 쭉쭉 들이마시죠.

에사키뿔노린재
몸길이 10~12mm

자작나무

뽕나무

앞가슴 모서리에 뿔이 난 뿔노린재

우리나라에 사는 뿔노린재 무리는 모두 21종이에요. 몸 생김새는 넓적한 방패처럼 생겼어요. 앞가슴 양쪽 모서리가 뿔처럼 튀어나와서 이름에 '뿔'이 들어 갔지요. 뿔노린재 무리 가운데 에사키뿔노린재, 푸토니뿔노린재, 등검은뿔노린재 같은 노린재는 죽을 때까지 알과 새끼를 지키고 돌보는 것으로 잘 알려졌어요. 특히 푸토니뿔노린재는 자작나무 같은 잎도 먹지만 유난히 뽕나무 잎을 좋아합니다. 푸토니뿔노린재는 뽕잎 뒷면에 앉아 침같이 가느다랗고 뾰족한 주둥이를 잎과 줄기에 꽂고 즙을 쭉쭉 들이마셔요. 짝짓기를 마친 엄마 푸토니뿔노린재는 뽕나무 잎 뒷면에 알을 낳지요. 엄마 푸토니뿔노린재는 에사키뿔노린재처럼 끼니를 굶어가면서 알과 새끼를 지키다 죽어갑니다.

알을 무더기로 낳는 엄마 에사키뿔노린재

암컷 에사키뿔노린재가 산초나무 잎 위에 앉아 정신없이 밥을 먹고 있네요. 그때 수컷 한 마리가 날아와 암컷 옆을 서성이며 눈치를 살펴요. 기회를 엿보던 수컷이 암컷과 짝짓기에 성공하네요. 노린재 집안 식구들은 암컷과 수컷이 서로 반대쪽을 바라보고 짝짓기를 해요. 에사키뿔노린재 암컷과 수컷은 누가 건들지만 않으면 오래오래 사랑을 나눈답니다.

짝짓기를 마친 엄마 에사키뿔노린재는 잎 뒷면으로 가 안전한 곳에

에사키뿔노린재가 좀작살나무 열매를 빨아 먹고 있다.

자리를 잡아요. 그리고 배 꽁무니를 실룩거리며 알을 80~100개 공들여 낳지요. 힘겹게 낳은 알들은 바람이 불고 비가 내리쳐도 잎에서 떨어지지 않아요. 그건 엄마가 알을 낳을 때 함께 나온 풀처럼 끈끈한 물을 알과 나뭇잎에다 발랐기 때문이에요.

알을 지키는 엄마 에사키뿔노린재

그런데 엄마 에사키뿔노린재 행동이 이상해요. 보통 다른 암컷 곤충들은 알을 다 낳으면 몸에 힘이 빠져 서서히 죽어 가는데, 에사키뿔노린재 암컷은 죽지 않고 알 곁을 떠날 생각도 안 합니다.

엄마 에사키뿔노린재는 알을 낳은 뒤 알 더미 위에 줄기차게 앉아 있어요. 아무리 건드려도 몸을 움직여 화만 벌컥 낼 뿐 꿈쩍도 안 하고 알을 지키네요. 심지어 나뭇잎을 이리저리 흔들어도 알을 버려두고 떠나지 않아요. 비가 내리면 비를 흠뻑 맞고, 바람이 불면 바람을 온몸으로 맞으며 알을 지킵니다. 알에서 애벌레가 태어나려면 열흘은 넘게 걸리는데, 그때까지 엄마는 알 곁을 한시도 떠나지 않아요. 아무것도 안 먹고 굶주린 채 오로지 알만 지키네요. 배가 고파 현기증이 나도 아랑곳 않고 우직하게 알을 보듬고 있지요. 천적이 나타나면 굽혔던 다리를 펴 몸을 부풀리며 저리 가라고 겁을 줍니다. 또 역겹고 지독한 냄새를 풍겨서 천적을 쫓아 버려요. 그뿐 아니랍니다. 더운 날씨에 알이 썩지나 않을까 늘 마음을 졸이며 날개를 퍼덕거려 시원한 바람을 일으켜 주지요. 또 공기가 잘 통하게 뾰족한 주둥이로 알과 알 사이를 알맞게 벌려 줍니다. 아기 애벌레가 태어난 뒤에도 엄마 에사키뿔노린재의 사랑은 이어져요. 갓 태어난 아기 애벌레들을 품에 안고 천적들이 애벌레들을 잡아먹지 못하게 지킵니다. 천적이 나타나면 품속에 보듬고 있는 애벌레들을 잎 뒤로 숨게 하고, 천적이 물러나면 다시 페로몬을 풍겨 품속으로 불러들이죠. 이렇게 엄마 에사키뿔노린재는 정신이 아득해지고 힘이 빠져 죽을 때까지 온갖 애를 쓰며 애벌레를 돌봅니다.

에사키뿔노린재 암컷이 알을 돌보고 있다.

알을 왜 돌볼까요?

엄마 에사키뿔노린재가 알을 돌보는 까닭은 무엇일까요? 바로 대를 잇기 위한 지혜로운 몸부림이지요. 새끼가 한 마리라도 더 많이 살아남아야 무리가 번창할 수 있으니까요. 힘없는 에사키뿔노린재가 늘 위험이 도사린 자연 속에서 살아남는 것은 기적 같은 일이에요. 그래서 엄마는 굶어가면서도 알과 새끼가 한 마리라도 더 살아남을 수 있도록 지키는 것이지요.

개미나 기생벌 같은 곤충들은 에사키뿔노린재가 가장 조심해야 하는 천적이에요. 엄마가 지키고 있는 알에서는 애벌레가 절반 넘게 태어나요. 하지만 엄마가 없는 알에서는 애벌레가 거의 태어나지 못합니다. 슬프게도 깨알보다 작은 기생벌들이 엄마가 없는 틈을 타서 알을 공격하기 때문이에요.

누가 곤충을 하찮은 동물이라고 흉보았나요? 사람보다 몇천 배 작은 뇌를 가졌지만 온 힘을 기울여 알과 새끼를 돌보고 사랑하는 모습은 사람과 견주어도 모자람이 없습니다.

알을 업고 다니는
물자라

　5월에 자그마한 연못은 온통 풀빛 세상이에요. 연못 위에는 비행접시 같은 마름 잎, 앙증맞은 개구리밥, 어여쁜 노랑어리연꽃 잎이 살포시 떠 있습니다. 잎사귀 위에 개구리가 눈을 껌뻑이고, 송장헤엄치게는 누워 헤엄치고, 소금쟁이는 물 위를 스케이트 선수처럼 쭉쭉 미끄럼 타네요. 엎드려 고개를 숙이니 물속이 새록새록 다 보여요. 올챙이, 물달팽이, 송사리, 땅콩물방개, 물자라들이 서로 술래잡기합니다.
　마침 물자라가 알을 등에 한가득 짊어진 채 헤엄쳐 마름 잎 위로 올라와 앉았어요. 알을 돌보는 아빠로 잘 알려진 물자라를 여기서 만나니 참 반가워서 한참 눈인사를 나눕니다.

마름 열매

마름

노린재 가족 물자라

물자라는 손으로 만지면 냄새를 풍기는 노린재목 가문 식구예요. 노린재 식구들은 죄다 식물이나 동물을 찔러 그 즙을 빨아 먹고 삽니다. 그래서 먹잇감을 잘 찌를 수 있게 주둥이가 침처럼 뾰족하죠. 거의 모든 노린재 조상들은 땅에서 살았어요. 그런데 어느 때부터인가 몇몇 노린재들은 정든 고향인 땅을 떠나 물속으로 옮겨 가 살게 되었지요.

물자라
몸길이 17~20mm

평생 물속에서 사는 물자라

물자라는 한평생을 물속에서 살아요. 물을 떠나서는 하루도 살 수 없지요. 그래서 몸 매무새가 물속에서 살기에 딱 알맞게 생겼습니다. 생김새는 둥그런 타원형이라 헤엄칠 때 물살 저항을 덜 받아요. 머리는 살짝 세모꼴이고, 겹눈도 세모꼴이라 물살을 가르며 헤엄을 잘 칠 수 있습니다. 뒷다리도 헤엄치기에 안성맞춤이에요. 뒷다리 길이는 앞다리보다 두 배나 더 길고, 종아리마디와 발목마디에는 잔털들이 한쪽으로 빽빽하게 줄지어 나 있지요. 그래서 꼭 노를 젓는 것처럼 빠르게 헤엄칠 수 있습니다.

앞다리는 사냥하는데 꼭 알맞게 생겼어요. 사마귀 앞다리처럼 튼튼한 낫처럼 생겼지요. 먹잇감을 잡았다 하면 안 놓치고 꼭 끌어안을 수 있습니다. 발끝에는 날카로운 발톱 두 개가 붙어 있어요. 그래서 한 번 잡은 먹잇감은 절대 놓치지 않지요.

물속 사냥꾼, 물자라

물자라는 물속에서 무엇을 먹고 살까요? 물속에는 송사리, 올챙이, 달팽이, 잠자리 애벌레, 하루살이 애벌레 같은 작은 동물들이 우글우글 살아요. 물자라는 동물을 잡아먹는 육식성이라 이런 작은 동물들을 닥치는 대로 잡아먹지요.

마침 물자라 앞을 물고기가 느긋하게 지나가네요. 물자라는 망설임

알을 등에 짊어진 물자라가 물고기를 잡아먹고 있다.

없이 튼튼하고 우악스러운 앞다리로 물고기를 낚아채 부둥켜안았습니다. 그리고 침처럼 날카로운 주둥이를 푹 찌르죠. 주둥이에 찔린 물고기는 도망치려고 온 힘을 다해 발버둥을 치네요. 그러거나 말거나 물자라는 인정사정 볼 것 없이 찔러 넣은 주둥이로 물고기 몸속에 소화제를 넣습니다. 갑작스럽게 독 주사를 맞은 물고기는 서서히 힘을 잃고 온몸이 죽처럼 물러집니다. 드디어 물고기 죽 완성!

역시 물자라는 훌륭한 요리사예요. 죽이 만들어졌으니 먹기만 하면 되지요. 물자라는 물고기 즙을 쭉쭉 맛있게 빨아 마시면서 굶주린 배를 채웁니다.

물속에서 숨쉬기

물속에서는 땅 위에서처럼 마음대로 숨을 쉴 수가 없어요. 산소가 물에 녹아 있기 때문이죠. 그래서 사람들은 물에 빠지면 십 분도 못 버텨요. 그럼 물자라는 물고기도 아닌데 어떻게 물속에서 숨을 쉴까요?

물자라는 물고기와 달리 아가미가 없어서 다른 곤충들처럼 숨구멍으로 숨을 쉬지요. 그래서 물속에서는 숨을 쉴 수가 없고 숨을 쉬러 물 위로 올라와야 해요. 숨을 꾹 참고 물속으로 들어갔다가 산소가 다 떨어지면 물구나무선 자세로 물낯으로 떠올라 배 꽁무니에 공기 방울을 담아 갑니다. 배 꽁무니에는 공기를 들이마실 수 있는 숨구멍이 두 개 있어요. 뿐만 아니라 겉날개를 살짝 벌려서 배 등과 날개 사이에 있는 빈 곳에도 공기 방울을 모을 수 있답니다. 사람들이 물속으로 공기 통을 메고 들어가는 것처럼 물자라도 공기 방울을 달고 들어가는 거예요. 이 공기 방울 덕분에 물속에서 오래도록 숨을 쉬며 헤엄쳐 다닐 수 있죠. 생각할수록 성능 좋은 공기탱크입니다.

아빠 등에 탄 물자라 알

곤충 수컷들은 거의 모두 짝짓기만 하고 자식을 돌보지 않습니다. 하지만 물자라 수컷은 암컷에게 맡기지 않고 자기 손으로 자식을 키워요. 이렇게 수컷이 새끼를 키우는 일은 곤충 세계에서 아주 드물지요.

봄은 짝짓기 철이에요. 연못에서 물자라 수컷이 다리를 움직여 물결을 일으킵니다. 암컷에게 짝짓기 신호를 보내는 것이지요. 이 물결을 알아차린 암컷은 수컷에게 다가가 물속에서 짝짓기를 합니다. 짝짓기 시간은 30분에서 50분쯤 걸려요.

짝짓기를 마친 엄마 물자라는 알을 낳아요. 그런데 놀랍게도 엄마가 알 낳는 곳은 바로 아빠 등이에요. 엄마는 아빠 물자라의 널찍한 등짝 위에 올라가죠. 그러고는 배 꽁무니를 대고 아빠 등에서 안 떨어지게 하나씩 하나씩 줄을 맞춰 알을 낳습니다. 알을 다 낳은 엄마 물자라는 나 몰라라 하며 알을 팽개치고 '쌩' 헤엄쳐 도망가지요.

아빠 물자라는 자식 욕심이 아주 많아요. 그래서 여기서 멈추지 않는답니다. 또 다시 물결을 일으켜 다른 암컷을 부르죠. 쪼르르 헤엄쳐 온 다른 암컷은 짝짓기 한 뒤 또 아빠 물자라 등짝에 알을 낳지요. 이미 다른 암컷이 낳은 알 옆에 다소곳이 낳고서는 '난 안 키워, 당신이 다 키워.' 하며 도망치듯 떠나네요. 아빠 물자라는 등짝 빈자리에 알을 가득 채울 때까지 짝짓기를 해요. 등짝을 가득 메운 알 무게는 아빠 몸무게보다 두 배나 더 무겁습니다.

많은 알을 돌보는 일은 오로지 아빠 몫이에요. 아빠 물자라는 알을 등에 업고 다니며 손발이 다 닳도록 정성껏 돌봅니다. 알이 썩지 않도록 이따금씩 잎 위로 올라와 등에 짊어진 알에게 햇볕도 쪼이고 바람도 쏘이지요. 그러다 천적이라도 만나면 '걸음아 날 살려라.' 하며 재빨리 물속으로 쏘옥 헤엄쳐 들어갑니다. 눈만 뜨면 80개도 넘는 알을 등에 짊어지고 물속을 들락날락해야 하니 얼마나 힘들까요? 그래서 그런지 아빠 물자라는 물속에서 물풀을 잡거나 물 위에 떠 있는 잎 위에 앉아 자주 쉬어요.

아빠 물자라는 아기를 돌보는 동안 거의 굶다시피 해요. 알을 업고 돌보며 사냥까지 하는 것은 쉬운 일이 아니거든요. 혹시라도 먹잇감을 잡아먹으려 헤엄치다가 물풀에 걸리기라도 하면 등에 업고 다니는 알들이 떨어질 수도 있습니다. 그러면 모든 게 헛수고지요. 자기 가문을 번성시키기 위해서는 배가 고파도 참아야 해요.

아빠와 똑 닮은 아기

드디어 알에서 아기가 태어날 때가 다가왔어요. 낌새를 알아차린 아빠 물자라는 물낯으로 헤엄쳐 올라와 알을 물 밖으로 내미네요. 그리고 몸을 살살 흔들어서 애벌레가 알에서 쉽게 빠져나올 수 있게 돕습니다. 알에서 나온 아기 물자라들은 아빠에게 고맙다는 말 한마디 없이 이리저리 헤엄쳐 물속으로 쏙 들어가죠. 이렇게 모든 알에서 새끼가 태어나면 아빠 물자라는 점점 지쳐서 서서히 죽습니다.

그런 아빠 물자라를 보니 마음 한구석이 뭉클하고 먹먹하네요. 자기 유전자를 대대손손 남기겠다고 쫄쫄 굶어가며 온갖 힘든 일을 이겨 내고 알을 키우는 아빠 물자라가 대견하지요?

건강한 물속

다른 동물을 잡아먹는 곤충은 사막처럼 가장 메마른 곳부터 연못과 저수지처럼 물이 많은 곳까지 여기저기에 살고 있어요. 이런 곤충들이 먹이를 잡는 방법은 여러 가지입니다. 먹이를 끈질기게 뒤쫓아 가며 사냥하기도 하고, 숨어서 기다리기도 하고, 함정이나 덫을 치고 그 속에 들어가 사냥하기도 하죠. 그 가운데 물자라는 숨어서 기다리거나 헤엄쳐 돌아다니다 먹이를 찾으면 낫처럼 생긴 앞다리로 낚아채서 먹이를 잡습니다.

물속에는 많은 생물들이 터를 잡고 살아가요. 식물성 플랑크톤부터

척추동물인 물고기까지 많은 생명들이 물속에서 살고 있답니다. 땅 위와 마찬가지로 물속도 먹고 먹히는 치열한 먹이 전쟁이 벌어집니다. 가장 힘없는 식물성 플랑크톤은 물속 먹이 사슬 맨 아래에 있어요. 식물성 플랑크톤은 식물처럼 몸에 있는 엽록체로 광합성을 해서 영양분을 만들어 내지요. 그래서 식물성 플랑크톤은 동물성 플랑크톤 같은 작은 동물에게 밥이 되고, 동물성 플랑크톤은 하루살이 애벌레, 물벼룩 같은 동물에게 밥이 됩니다. 그들 또한 물방개나 잠자리 애벌레 같은 좀 더 힘센 사냥꾼에게 밥이 되지요.

물자라는 물속 생물 먹이 사슬에서 가운데에 있어요. 날도래나 작은 물방개, 작은 물고기, 잠자리 애벌레 같은 자기보다 힘없는 생물을 닥치는 대로 잡아먹습니다. 그리고 물자라는 자신보다 힘센 물장군, 큰 물고기나 새들에게 밥이 되지요. 그 가운데 장구애비는 유난히 물자라를 잘 잡아먹습니다. 도망치는 물자라를 끝까지 끈질기게 추적해서 잡아먹지요.

알을 지키는
물장군

여름 들머리에 제주도에 있는 자그마한 연못에 왔어요. 천천히 무릎까지 자란 풀들을 헤치고 천천히 걸었습니다. 고개 숙여 연못을 들여다보니 커다란 곤충이 엉금엉금 기어가요. 아! 아기 손바닥만 하게 큰 물장군이네요. 귀한 물장군을 여기서 만나다니 운이 아주 좋은 날이에요. 물장군은 우리 땅에서 사라지고 있어서 '멸종 위기 종'으로 정해서 보호하고 있는 곤충이에요.

물속 대장, 물장군

몇십 년 전만 해도 물장군은 아주 흔한 곤충이었습니다. 논도랑이나 시골집 둘레에 있는 물웅덩이에서 흔히 살았어요. 물장군은 물에 살지만 밤에는 불빛을 보고 날아오기도 합니다. 그래서 제가 어릴 적만 해

물장군
몸길이 48~65mm

도 밤마다 처마 밑에 달린 등불에 날아온 물장군을 볼 수 있었죠.

물장군은 이름 그대로 물속에 장군이라는 뜻이에요. 옛 어른들은 몸집이 크고 기운이 센 사람을 보면 '장군감'이라고 했습니다. 곤충 세계에서 이런 '장군감'인 곤충이 바로 물장군이에요. 물장군은 몸길이가 60밀리미터쯤 되지요. 물속에 사는 곤충 가운데 몸집이 가장 커요. 그러니 이런 이름이 붙을 만하죠.

물장군은 지방마다 부르는 별명이 많아요. 충청도에서는 '물강구', 강원도에서는 '물장수', 경상북도에서는 '물짱구', 경상남도에서는 '물찍게', 지리산 둘레에서는 '물소'라고 해요. 외국에서도 커다란 몸집을 보고 물장군이라는 이름을 지었습니다. 중국에서는 '논에서 사는 자라'라는 뜻으로 '전별(田鱉)', 서양에서는 '거인벌레'라는 뜻인 '자이언트 버그(Giant bug)'라고 하죠.

지금 산과 들에서 물장군을 만나기는 엄청 힘듭니다. 물장군은 몸집이 크고 늠름하다 보니 사람이 보는 대로 잡아가요. 또 농약을 뿌리면서 물이 더러워지고, 가로등이 많아지면서 불빛을 보고 날아온 물장군이 차나 사람에게 밟혀 죽기 일쑤지요. 또 쉼 없이 이곳저곳을 개발하는 탓에 물장군이 사는 연못이 사라져 가고 있기 때문이에요. 오죽하면 물장군을 '멸종 위기 동식물 2급 보호종'으로 정해 놓고 그 누구도 잡아가지 못하게 했을까요. 물장군을 함부로 잡았다가는 벌을 받아야 합니다. 그나마 다행인 일은 여러 연구소에서 물장군을 키우는데 성공

물장군이 커다란 앞다리로 개구리를 잡아먹고 있다.

알을 지키는 물장군 • 111

하고 있어요. 앞으로 이렇게 키운 물장군을 산과 들에 풀어 주게 되면 머지않아 예전만큼은 아니더라도 종종 만날 수 있을 거예요.

뛰어난 사냥꾼, 물장군

물장군는 물자라처럼 평생 물속에 사는 노린재목 가문 식구예요. 애벌레와 어른벌레 모두 물속에서 먹고 자고 쉬어요. 몸매는 달걀처럼 갸름해서 헤엄치기 딱 좋게 생겼어요. 앞다리는 역도 선수 팔뚝처럼 튼튼하죠. 바늘로 찌르면 도리어 바늘이 휘어질 것 같아요. 튼튼한 다리 덕분에 물장군은 뛰어난 사냥꾼이 되었습니다.

물장군은 물살이 느린 연못에 살면서 올챙이나 물고기, 물방개, 잠자리 애벌레 따위를 닥치는 대로 잡아먹습니다. 심지어 암컷은 알을 지키는 수컷도 잡아먹지요. 다리 힘이 얼마나 센지 자기보다 몸집이 훨씬 큰 개구리나 붉은귀거북도 우악스러운 다리로 움켜쥐면 꼼짝도 못합니다. 물장군은 어떻게 먹이를 먹을까요? 노린재 가족인 물장군은 주둥이가 체액을 빨아 먹을 수 있게 바늘처럼 뾰족합니다. 본래 곤충 주둥이는 윗입술, 아랫입술, 큰턱 한 쌍, 작은턱 한 쌍과 혀가 모여 이루어집니다. 곤충들은 오랜 세월을 거치면서 저마다 잡아먹는 먹이에 따라 주둥이도 덩달아 바뀌어 왔어요. 그 가운데 노린재 무리는 큰턱과 작은턱이 동물이나 식물 조직 속에 푹 찔러 넣기 쉽게 침처럼 뾰족하게 바뀌었습니다.

소문난 요리사, 물장군

물장군은 소문난 요리사예요. 일단 물장군은 먹잇감을 잡으면 우람한 앞다리로 끌어안아 꼼짝 못 하게 만듭니다. 그러고는 곧바로 무시무시한 주둥이를 먹잇감에 푹 찔러 넣고 소화제를 넣어요. 주둥이에 찔린 먹잇감은 괴로운지 죽을힘을 쓰며 물장군에게서 벗어나려고 발버둥을 칩니다. 그러면 그럴수록 물장군은 먹잇감을 놓치지 않으려고 튼실한 앞다리로 꼭 붙들지요. 소화 효소가 먹잇감 온몸에 퍼져 나가면, 죽어라 버둥거리던 먹잇감은 시나브로 축 늘어지며 죽습니다. 물장군이 넣은 소화제가 먹잇감 몸을 녹이기 때문이지요. 이런 것을 한자말로 '체외 소화'라고 해요. 시간이 흘러 먹잇감이 묽은 죽처럼 바뀌면 그제야 물장군은 체액을 뾰족한 주둥이로 쭉쭉 들이마셔요.

물장군은 안갖춘탈바꿈를 해요. 그래서 번데기를 거치지 않고 알-애벌레-어른벌레로 큽니다. 어른벌레는 곤충치고는 오래 살아요. 보통 1년쯤 사는데 어떤 물장군은 2년에서 3년까지 살고, 그보다 오래 살기도 하지요.

물장군 짝짓기

봄이 되면 겨울잠에서 깨어난 물장군은 부지런히 먹으면서 짝짓기 준비를 해요. 수컷은 물속에서 앞다리를 움직여 잔물결을 일으킵니다. 가까이에 있던 암컷은 수컷이 보내는 잔물결에 이끌려 수컷에게 다가

가죠. 그런 뒤 줄기나 말뚝을 잡고서 몸을 움직여 수컷이 했던 것처럼 잔물결을 일으켜서 수컷에게 보냅니다.

서로 마음에 든 암컷과 수컷은 짝짓기 전에 줄기나 말뚝을 오르락내리락하면서 알 낳을 곳을 찾아다닙니다. 그런데 이상한 일이 벌어졌어요. 알 낳을 곳을 찾던 물장군 암컷과 수컷이 줄기 가운데쯤에 멈추더니 갑자기 물속으로 뛰어드네요. 왜 그러는 걸까요?

물장군 암컷과 수컷은 앞으로 태어날 애벌레가 안전하게 물속으로 뛰어내릴 수 있는지 먼저 알아보는 중입니다. 왜냐하면 물장군은 물 위로 올라온 풀 줄기나 말뚝 같은 곳에 알을 낳기 때문이지요. 나중에 알에서 나온 새끼들은 여기에서 물로 뛰어들 거예요. 이렇게 물속으로 뛰어들던 암컷과 수컷은 물 밖으로 20센티미터쯤 올라온 말뚝에 알을 낳기로 마음먹었어요.

드디어 암컷과 수컷은 짝짓기를 해요. 물장군은 천적 눈을 피하기 위해 주로 밤에 짝짓기 합니다. 짝짓기를 마친 암컷은 미리 점찍어 두었던 말뚝에 배 꽁무니를 대고 실룩실룩 움직이며 알을 낳지요. 알을 60~100개쯤 한곳에 낳아 놓으니 마치 한 덩어리처럼 보이네요. 알이 나올 때마다 하얀 거품이 함께 나와 알과 알끼리, 알과 풀 줄기가 떨어지지 않게 딱 붙여 줍니다. 한참 시간이 흐르면 하얀 거품은 없어지고 예쁜 알들만 남는데 마치 소나무에 달린 솔방울 같습니다.

물장군이 알을 지키고 있다.

알을 지키는 물장군 • 115

알 낳는 엄마, 알 돌보는 아빠

엄마 물장군은 알을 공들여 낳고서는 물속으로 쏜살같이 들어가 버려요. 엄마가 뒤도 안 돌아보고 떠나자 아빠는 기다렸다는 듯이 얼른 알 더미를 지킵니다. 이제부터 알 돌보는 일은 순전히 아빠 몫이에요. 알을 누가 훔쳐 먹지나 않을까 사방을 살피며 알을 꼭 보듬고 있어요. 아빠가 말뚝에 붙어 있는 알 더미를 감싸 안으면 알들은 커다란 아빠 물장군 몸에 가려 천적에게 들키지 않고 뜨거운 햇볕도 피할 수 있어요. 심지어 아빠 물장군은 알들이 햇볕에 말라 버릴까 봐 시간 나는 대로 몸에 물을 적셔 와서 알에다 묻혀 주기도 하네요. 한술 더 떠서 알이 썩지 않고 공기가 잘 통하도록 알과 알 사이를 뾰족한 주둥이로 벌려 주기도 하고, 거미나 잠자리가 얼쩡거리면 앞다리를 들어 으름장을 놓기도 합니다. 이렇게 물속과 말뚝에 낳은 알 더미를 오가면서 온힘을 다해 알을 돌봅니다. 알을 지키느라 밥도 제대로 먹지 못하는 아빠가 참 안쓰럽네요.

아빠가 알을 돌보는 동안 엄마 물장군은 무엇을 할까요? 죽었을까요? 천만에요. 엄마 물장군은 또 다른 수컷과 짝짓기를 해서 또 알을 낳아요. 그 알에서 애벌레가 태어날 즈음이면 또 다른 수컷과 짝짓기를 하지요. 엄마 물장군은 서너 차례에 걸쳐 알을 300개에서 500개 낳고서는 삶을 마칩니다.

그러고 보니 엄마는 알 낳는 일에 온 힘을 다 쏟고, 아빠는 엄마가 낳은 알을 돌보는데 온 힘을 다하네요. 이렇게 물장군은 엄마 아빠가 서로 일을 나누어 알을 낳고 돌본 덕에 무럭무럭 잘 자라 가문을 이어 나갈 거예요. 하지만 사람들 때문에 물장군이 가문을 제대로 잇지 못하고 점점 사라지고 있으니 마음 한구석이 짠합니다.

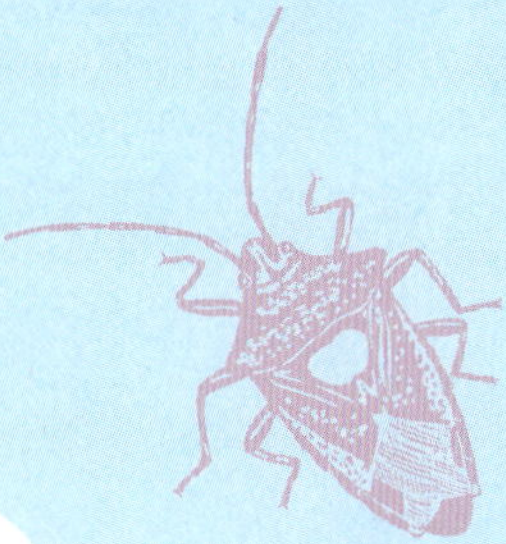

엄마 아빠가 함께 키우는 곤충

똥을 굴리는
긴다리소똥구리

얼마 전에 소똥구리가 나오는 영화를 봤어요. 나지막한 비탈길에 소똥구리가 낑낑거리며 동그란 똥 경단을 굴리고 가요. 한참 굴러가던 똥 경단이 그만 땅에 박힌 막대기에 걸려 오도 가도 못 하네요. 소똥구리는 안절부절 어찌할 바를 모르며 막대기에 꽂힌 똥 경단을 이리 밀어 보고 저리 밀어 봅니다. 앞다리로 땅을 짚고 물구나무서서 뒷다리로 똥 경단을 밀어보지만 꿈쩍도 안 하네요. 저러다 똥 경단이 쪼개지고 부서지면 어쩌지? 마음을 졸여 손에 땀이 다 납니다. 얼마나 지났을까요. 쉴 새 없이 밀고 당긴 끝에 드디어 똥 경단을 막대기에서 뽑아냈습니다. 그러고서는 아무 일도 없었다는 듯 뒤도 안 돌아보고 똥 경단을 굴리며 언덕길을 넘어갔어요.

영화를 보니 제가 어렸을 적 쪼그리고 앉아 보았던 소똥구리가 눈앞에 떠올라요. 어릴 적에는 집집마다 소를 키웠기 때문에 소똥이 사방에 널려 있었지요. 발에 밟힐까 봐 피해 다니던 소똥에는 소똥구리들이 더듬이를 꼼지락거리며 몰려들었답니다. 불과 30년 전만 해도 소똥을 데굴데굴 굴리고 다니는 소똥구리들을 심심찮게 만났는데, 지금 소똥구리를 만난다는 것은 하늘에 별 따기 만큼이나 어려워졌어요.

똥 굴리는 소똥구리

소똥구리는 족보상 딱정벌레목 가문에 소똥구리과 집안 식구예요. 소똥구리과 가족들은 주로 똥을 먹고 살아요. 그래서 서양에서도 '똥벌레(dung beetles)'라고 합니다. 하지만 때때로 썩은 고기와 과일, 버섯도 먹지요. 우리나라에 사는 소똥구리과 식구는 모두 33종이에요. 그 가운데 똥 경단을 굴리는 소똥구리는 달랑 석 종뿐입니다. 몸길이가 30밀리미터쯤 되고 몸집이 굉장히 큰 왕소똥구리, 몸길이가 16밀리미터쯤 되는 소똥구리, 몸길이가 12밀리미터쯤 되는 긴다리소똥구리만 똥을 굴린답니다.

하지만 지금 이 세 소똥구리는 모두 우리 땅에서 사라져 가고 있어요. 나라에서는 멸종 위기 종으로 정해 놓고 보호하고 있습니다. 이 소똥구리 석 종은 엄마 아빠가 힘을 합쳐 애벌레를 키우는 걸로 유명해요. 다행히 긴다리소똥구리는 사람들 발길이 잘 닿지 않는 강원도 산골에서 가뭄에 콩 나듯 드물게 볼 수 있습니다.

긴다리소똥구리는 몸길이가 12밀리미터쯤 되어서 메주콩만 합니다. 맨눈으로도 잘 볼 수 있어요. 똥 경단을 굴리는 소똥구리 가운데 가장 몸집이 작아요. 그래서 '꼬마소똥구리'라고도 하죠. 온몸은 까매서 똥이나 땅 위에 있으면 눈에 잘 안 띄어요. 생김새는 네모나고, 몸매는 두루뭉술하고 뚱뚱합니다. 뒷다리 발목마디는 이름처럼 가늘고 길어요. 긴 다리를 양쪽으로 벌리고 있으면 마치 거미 다리 같습니다. 수컷 다리가 암컷보다 훨씬 더 길죠. 뒷다리 넓적다리마디는 알통처럼 툭 불거졌고, 종아리마디는 안쪽으로 활처럼 휘어졌어요. 그래서 동그란 똥 경단을 끌어안고 굴리기에 안성맞춤이지요.

여러 가지 소똥구리

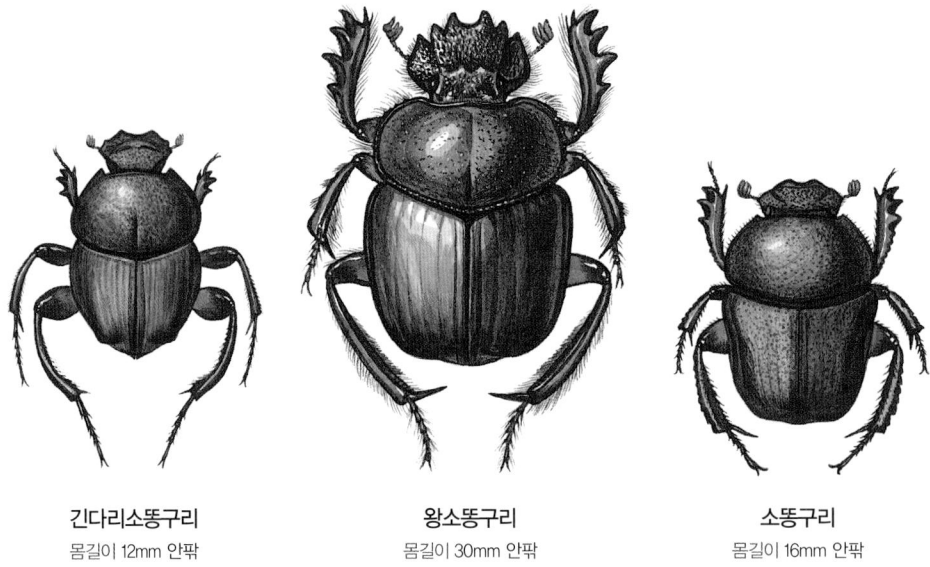

긴다리소똥구리
몸길이 12mm 안팎

왕소똥구리
몸길이 30mm 안팎

소똥구리
몸길이 16mm 안팎

똥 굴리기

온 세상이 풀빛으로 물든 5월이에요. 겨울잠에서 깨어난 긴다리소똥구리가 짐승들 똥을 찾아 다녀요. 짐승 똥 가운데 가장 좋아하는 똥은 소똥입니다. 소똥은 더러워 보이지만 풀만 먹고 눈 똥이라 소똥구리에게 필요한 영양분이 많이 들어 있지요. 더듬이를 꼬물꼬물 흔들며 한참을 헤매다 가까스로 똥을 찾았네요. 암컷은 잽싸게 머리를 질척이는 똥에 처박고 밥을 먹습니다. 얼마 안 있어 수컷도 똥 냄새를 맡고 날아와 암컷 옆에서 똥 밥을 먹네요. 첫눈에 서로 마음에 들었는지 암컷과 수컷은 똥 밥을 먹고서는 짝짓기를 합니다.

짝짓기를 마친 뒤, 엄마 아빠 긴소똥구리는 힘을 합쳐 부지런히 질척한 소똥으로 경단을 만들기 시작합니다. 주둥이로 똥을 한 조각 한 조각씩 떼어 내고, 날카로운 앞다리로 끌어모아 조물조물 반죽도 하며 온갖 정성을 다 들입니다. 얼마 안 걸려 메주콩만 한 동그란 경단 하나가 뚝딱 만들어졌어요. 이제 옮기는 일만 남았네요. 엄마 아빠는 힘을 합쳐 함께 똥 경단을 굴려 어디론가 떠납니다. 하지만 여행길이 쉽지만은 않아요. 엄마는 앞에서 똑바로 서서 뒷걸음치며 끌어당기고, 아빠는 뒤에서 앞다리를 땅에 짚고 물구나무선 채 가운뎃다리와 뒷다리로 밀어요. 부지런히 굴렁쇠 굴리듯 앞에서 끌고 뒤에서 밀며 똥 경단을 몰고 가는 모습이 정겹습니다.

긴다리소똥구리가 똥을 둥그렇게 빚어서 굴리고 있다.

엄마는 굴을 파고, 아빠는 똥을 지키고

엄마 아빠 긴다리소똥구리가 똥을 굴려 간 곳은 흙 밭이에요. 엄마는 똥 경단을 놔두고 어디론가 걸어가고, 아빠 혼자 남아 똥 경단을 지킵니다. 엄마는 '똥 경단을 어디에 묻으면 좋을까' 하며 좋은 곳을 찾고 있어요. 마침내 포슬포슬한 땅을 찾은 엄마는 삽 같은 앞다리로 흙을 파헤치면서 땅굴을 파기 시작합니다.

얼마 뒤 엄마 소똥구리가 땅굴을 다 팠어요. 이제 똥 경단을 땅굴에 묻기만 하면 되지요. 엄마가 똥 경단을 가지러 되돌아옵니다. 엄마 아빠는 으깨지지 않게 조심조심 똥 경단을 땅굴 속으로 끌고 들어가요.

아빠는 먼저 굴 밖으로 나오고, 엄마는 똥 경단 위에 정성껏 알을 낳은 뒤 굴 밖으로 나오죠. 그리고 굴 입구를 흙으로 꼭 막은 뒤 엄마 아빠는 또 알을 낳기 위해 소똥을 찾아 떠납니다.

똥을 먹고 자라는 애벌레

얼마 뒤 아기 긴다리소똥구리 애벌레가 알에서 태어났습니다. 애벌레는 깜깜한 땅굴 속에서 엄마 아빠가 빚어 놓은 똥을 밥으로 먹어요. 밖으로 한번 나오지 않고 땅굴 속에서 똥을 부지런히 먹으며 무럭무럭 자라다 번데기가 됩니다. 그리고 여름 들머리쯤에 어른으로 날개돋이 해 땅굴을 나옵니다.

긴다리소똥구리가 알을 낳기 위해 하는 일 하나하나가 참으로 애틋하지요? 엄마 아빠가 서로 밀어 주고 당겨 주며 돕고 사니 웬만한 사람보다 나아요. 이렇게 서로 도우며 똥 굴리는 모습을 보고 오래전부터 사람들은 소똥구리를 아주 귀여워했습니다. 똥을 먹는다고 더럽거나 하찮게 여기지도 않았어요. 사실 소똥구리는 아무 곳에나 싸 놓은 소똥이나 다른 짐승 똥을 먹어 치우니 얼마나 고마운 청소부들이에요. 그런 긴다리소똥구리가 사라져 가고 있으니 얼마나 안타까운지 몰라요. 우리 모두 힘을 모아 소똥구리들이 마음 놓고 살 수 있는 세상을 만들어 가길 바랄 뿐이에요.

소똥구리 무리

소똥구리 무리는 소똥이나 말똥이 있는 곳에서 똥을 먹고 살아요. 소똥구리 무리는 온 세계에 5000종쯤 사는데, 그 가운데 똥을 굴리는 소똥구리는 200종쯤 돼요. 우리나라에는 33종이 사는데 소똥구리, 왕소똥구리, 긴다리소똥구리 3종만 똥을 굴립니다. 어른벌레는 똥을 동그랗게 빚어 미리 파 놓은 굴로 굴려 가죠. 굴속에 똥을 넣으면 그 속에 알을 낳습니다. 알에서 나온 애벌레는 소똥 경단을 먹고 자라요. 소똥구리는 지저분한 똥을 치워 청소부 노릇을 하고, 또 똥을 땅에 묻어 땅을 기름지게 만듭니다. 소똥구리 무리는 크기나 생김새가 여러 가지고, 사는 모습도 저마다 다릅니다. '왕소똥구리', '뿔소똥구리', '소똥구리'는 크기가 크고, '애기뿔소똥구리'와 '창뿔소똥구리'는 그보다 작아요. 우리나라에 가장 많던 소똥구리는 이제 싹 사라져 보이지 않습니다.

수컷

암컷

뿔소똥구리
몸길이 18~28mm

외뿔애기꼬마소똥구리
몸길이 3mm 안팎

애기뿔소똥구리
몸길이 13~19mm

창뿔소똥구리
몸길이 7~10mm

소요산소똥풍뎅이
몸길이 7~11mm

렌지소똥풍뎅이
몸길이 6~12mm

황소뿔소똥풍뎅이
몸길이 6~10mm

검정뿔소똥풍뎅이
몸길이 10~15mm

모가슴소똥풍뎅이
몸길이 6~12mm

노랑무늬소똥풍뎅이
몸길이 7~10mm

작은꼬마소똥구리
몸길이 4~5mm

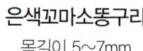

은색꼬마소똥구리
몸길이 5~7mm

변색날개소똥풍뎅이
몸길이 5~8mm

흑날개소똥풍뎅이
몸길이 7~10mm

황해도소똥풍뎅이
몸길이 7mm 안팎

흑무늬노랑꼬마소똥구리
몸길이 5~7mm

수컷　　　　암컷
혹가슴갈색소똥풍뎅이
몸길이 5~9mm

꼬마곰보소똥풍뎅이
몸길이 4~6mm

꼬마외뿔소똥풍뎅이
몸길이 7mm 안팎

숲속 청소부
송장벌레

살랑살랑 시원한 바람이 부는 여름 들머리예요. 한적한 산길을 걷는데 길옆에 고라니 한 마리가 죽어 있네요. 들여다보니 구더기들이 바글바글하고, 송장벌레들이 슬금슬금 기어 다녀요. 핀셋으로 고라니 주검을 들척이니 축축한 몸 아래에 시커먼 송장벌레 애벌레들이 우글우글하네요. 한두 마리가 아니에요. 언뜻 세어 봐도 수백 마리는 넘어요. 애벌레들이 놀랐는지 몸을 숨기느라 재빨리 고라니 주검 몸속으로 파고 들어갑니다.

주검을 먹는 송장벌레

송장벌레는 딱딱한 딱지날개를 가진 딱정벌레목 가문 가운데 한 가족입니다. 우리나라에는 송장벌레가 27종쯤 살아요. '송장벌레'는 말

그대로 동물 주검을 먹고 산다고 붙은 이름이에요. 그래서 어떤 사람들은 송장벌레라는 이름을 듣기만 해도 오싹 소름이 돋고 더러워서 온몸이 근질거린다고 해요. 하지만 알고 보면 송장벌레는 동물 주검을 먹어 치우는 고마운 곤충이에요. 만일 송장벌레가 없어진다면 어떤 일이 생길까요? 아마도 우리가 사는 세상은 수많은 동물 주검으로 가득 차서 걸을 수도 없고, 썩는 냄새 때문에 숨을 쉬기도 힘들 거예요. 송장벌레가 없으면 생각하기도 싫은 끔찍한 일이 생길 수도 있습니다.

송장벌레
몸길이 23mm 안팎

송장벌레는 어떻게 생겼을까요? 송장벌레는 몸매가 펑퍼짐하고 넓적해요. 온몸은 거의 까만데, 어떤 종은 딱지날개에 빨간색 물결무늬가 그려져 있어요. 더듬이는 곤봉처럼 불룩하고 맨 끝 3마디가 나뭇잎처럼 늘어났지요. 앞가슴등판은 거북이 등딱지처럼 생겼습니다. 딱지날개는 배 끝을 다 못 덮어서 배 꽁무니가 드러나 있어요.

새끼를 키우는 송장벌레

거의 모든 송장벌레 애벌레들은 알에서 태어나면 엄마 아빠 도움 없이 혼자 힘으로 살아야 해요. 넓적송장벌레, 좀송장벌레, 대모송장벌레 같은 애벌레가 그래요. 하지만 그렇지 않은 송장벌레도 있어요. 이마무늬송장벌레나 넉점박이송장벌레 같은 곤봉송장벌레 무리는 엄마와 아빠가 함께 새끼들을 돌봅니다.

곤봉송장벌레 무리는 동물 주검을 어떻게 찾아낼까요? 냄새를 맡고 찾지요. 그럼 사람처럼 코로 냄새를 맡을까요? 아니에요. 곤봉송장벌레는 곤봉처럼 생긴 더듬이로 냄새를 맡습니다. 동물은 죽으면 탄산가스, 암모니아, 황화수소 같은 고약한 냄새가 나요. 더듬이에는 감각 기관이 빼곡히 들어차 있어서 이 냄새를 재까닥 맡을 수 있지요.

마침 죽은 들쥐 한 마리가 풀숲에 누워 있네요. 곤봉송장벌레들이 용케도 냄새를 맡고 날아와 죽은 들쥐를 뜯어 먹고 있습니다. 그러다 마음에 드는 짝을 만나 짝짓기도 하지요.

여러 가지 송장벌레

이마무늬송장벌레
몸길이 18mm 안팎

넉점박이송장벌레
몸길이 15mm 안팎

좀송장벌레
몸길이 14mm 안팎

넓적송장벌레
몸길이 15~20mm

대모송장벌레
몸길이 20mm 안팎

짝짓기를 마치면 엄마와 아빠는 놀라운 방법으로 들쥐 주검을 묻기 시작합니다. 우선 죽은 들쥐 밑으로 들어가 흙을 파내요. 흙을 파내면 파낼수록 흙은 들쥐 주검 위로 올라오고, 들쥐 주검은 점점 흙속에 묻힙니다. 드디어 들쥐 주검 위로 3센티미터쯤 흙이 쌓였어요. 엄마 아빠는 이제부터 땅속에서 본격적으로 들쥐 주검을 손질하기 시작해요. 주둥이로 털을 뜯어내고 살을 뜯어 둥그스름하게 빚어요. 게다가 입과 꽁무니에서 시체가 쉽게 썩지 않게 하는 물을 내어서 들쥐 주검에 바릅니다. 그러고 나면 엄마는 주검 맨 꼭대기에 자그마한 방을 만들어요. 엄마 아빠는 죽은 들쥐를 먹은 뒤 소화를 시켜 이 방에 토해냅니다. 이렇게 토한 음식 위에 비로소 엄마는 알을 낳지요.

아기 키우는 엄마 아빠

엄마 아빠는 알 곁에 머물면서 알을 지켜요. 알에서 깨어난 애벌레는 엄마 아빠가 토해 놓은 밥을 먹으며 무럭무럭 자랍니다. 엄마 아빠가 토한 음식을 먹지 않은 애벌레들은 잘 자라지도 못하고 죽을 때가 많아요. 곤봉송장벌레 암컷과 수컷은 알에서 태어난 애벌레가 번데기가 되기 전까지 돌보니 놀랍기만 해요. 거의 모든 새끼를 돌보는 곤충도 알이나 애벌레가 어렸을 때까지만 돌보는데 말이에요. 사람으로 치면 아기들이 다 커서 청년이 될 때까지 돌봐 주는 것이나 마찬가지니 대단합니다.

엄마 아빠가 곁에서 돌본 덕분에 무사히 잘 자란 애벌레는 흙 밖으로 나와 번데기가 됩니다. 번데기가 된 지 얼마 뒤 엄마 아빠와 똑 닮은 어른벌레가 날개돋이 해서 나와요. 놀랍게도 '알-애벌레-번데기-어른벌레'로 탈바꿈하는 기간을 따져 보니 두 주 밖에 안 걸리네요. 참 빠르지요? 그 까닭은 동물 주검이 썩기 전에 서둘러 한살이를 끝내야 하기 때문입니다.

어른벌레가 된 송장벌레는 곧바로 알을 낳지 못해요. 추운 겨울 동안 겨울잠을 자야 암컷이 비로소 알을 낳을 수 있거든요. 추운 겨울을 보내야만 암컷 난소가 충분히 성숙하기 때문이에요. 이렇게 어른이 되어도 알맞은 시간이 지나야 알을 낳을 수 있는 것을 한자말로 '생식 휴면'이라고 합니다.

송장벌레 무리

죽은 동물을 먹고 산다고 송장벌레라는 이름이 붙었어요. 산에도 살고, 들판에도 살지요. 봄부터 가을 사이에 돌아다니지만 여름에 더 많아요. 동물이 죽으면 썩는 냄새를 맡고 날아와 뜯어 먹습니다. 또 수컷이 동물 주검에 날아오면 페로몬을 뿜어서 암컷을 불러요. 그리고 짝짓기를 마친 암컷과 수컷은 죽은 동물 밑에 들어가 아래쪽 땅을 판 뒤 파낸 흙으로 주검을 묻습니다. 그리고는 암컷이 주검에 알을 낳아요. 알에서 나온 애벌레는 동물 주검을 먹으면서 큽니다. 어른벌레와 애벌레 모두 죽은 동물을 깨끗이 먹어 치워서 청소부 노릇을 합니다.

큰넓적송장벌레 수컷
몸길이 12~23mm

곰보송장벌레
몸길이 9~12mm

네눈박이송장벌레
몸길이 10~15mm

송장벌레 무리는 온 세상에 2000종쯤 살고, 우리나라에 26종쯤 있어요. 반날개 무리처럼 딱지날개가 짧아서 배 끝이 드러나는 종이 많습니다. '넉점박이송장벌레'와 '큰넓적송장벌레'가 흔하고 온 나라 어디에서나 볼 수 있어요. '큰수중다리송장벌레'는 몸이 크고 납작하며 온몸이 까매요. '검정송장벌레'는 몸통이 도톰하고 온몸이 까맣습니다. 송장벌레 가운데 몸집이 가장 큰 것은 45mm나 되지요. '송장벌레'는 온몸이 까만 것도 있지만 딱지날개에 주황색 띠 무늬가 있는 종이 많습니다.

검정송장벌레
몸길이 25~40mm

꼬마검정송장벌레
몸길이 8~15mm

큰수중다리송장벌레
몸길이 15~25mm

작은무늬송장벌레
몸길이 22mm 안팎

긴무늬송장벌레
몸길이 15~22mm

무늬검정송장벌레
몸길이 20mm 안팎

우단송장벌레
몸길이 15mm 안팎

작은송장벌레
몸길이 20mm 안팎

수컷

암컷

수중다리송장벌레
몸길이 15~20mm

세밀화로 보는 정부희 선생님 곤충 교실 5

곤충은 어떻게 알을 돌볼까?
알이나 애벌레를 돌보는 곤충 이야기

2020년 3월 1일 1판 1쇄 펴냄 | 2023년 5월 15일 1판 3쇄 펴냄

글 정부희 | **그림** 옥영관
세밀화 이제호(나무), 안경자(풀), 장순일(풀)
편집 김종현 | **기획실** 김소영, 김용란
디자인 한아람 | **제작** 심준엽
영업 나길훈, 안명선, 양병희, 조진향 | **독자 사업(잡지)** 김빛나래, 정영지 | **새사업팀** 조서연
경영 지원 신종호, 임혜정, 한선희
분해 (주)로얄프로세스 | **인쇄와 제본** (주)상지사P&B

펴낸이 유문숙 | **펴낸 곳** (주)도서출판 보리 | **출판 등록** 1991년 8월 6일 제9-279호
주소 (10881) 경기도 파주시 직지길 492
전화 031-955-3535 | **전송** 031-950-9501
누리집 www.boribook.com | **전자우편** bori@boribook.com

ⓒ 정부희, 옥영관, 김종현, 보리 2020

이 책의 내용을 쓰고자 할 때는, 저작권자와 출판사의 허락을 받아야 합니다.
잘못된 책은 바꾸어 드립니다.
값 16,000원

보리는 나무 한 그루를 베어 낼 가치가 있는지 생각하며 책을 만듭니다.

ISBN 979-11-6314-108-2
　　　979-11-6314-103-7 (세트)

이 도서의 국립중앙도서관 출판시도서목록(CIP)은 서지정보유통지원시스템 홈페이지(http://seoji.nl.go.kr)와 국가자료공동목록시스템(http://www.nl.go.kr/kolisnet)에서 이용하실 수 있습니다.
(CIP제어번호: CIP2020005709)

제품명 : 도서　제조자명 : (주)도서출판 보리　주소 : (10881) 경기도 파주시 직지길 492　전화번호 : (031) 955-3535
제조년월 : 2023년 5월　제조국 : 대한민국　사용연령 : 8세 이상　주의사항 : 책의 모서리가 날카로우니 다치지 않게 주의하세요.
KC 마크는 이 제품이 공통안전기준에 적합하였음을 의미합니다.